PAPA FRANCISCO
COM OS MOVIMENTOS POPULARES

Francisco de Aquino Júnior
Maurício Abdalla
Robson Sávio
(Orgs.)

PAPA FRANCISCO
COM OS MOVIMENTOS POPULARES

2014 – Roma
2015 – Bolívia
2016 – Roma

Dados Internacionais de Catalogação na Publicação (CIP)
(Câmara Brasileira do Livro, SP, Brasil)

O Papa Francisco com os movimentos populares / Francisco de Aquino Júnior, Maurício Abdalla, Robson Sávio, (organizadores). – São Paulo : Paulinas, 2018. – (Coleção bispo de Roma)

Vários autores.
ISBN 978-85-356-4459-3

1. Francisco, Papa, 1936- 2. Igreja Católica 3. Igreja e problemas sociais 4. Movimentos sociais 5. Papas - Discursos, encíclicas etc. I. Aquino Júnior, Francisco de. II. Abdalla, Maurício. III. Sávio, Robson. IV. Série.

18-19707   CDD-261.83

Índice para catálogo sistemático:

1. Francisco, Papa : Movimentos sociais :
Teologia social : Cristianismo   261.83

Cibele Maria Dias - Bibliotecária - CRB-8/9427

1ª edição – 2018

Direção-geral: *Flávia Reginatto*
Conselho editorial: *Dr. Antonio Francisco Lelo*
Dr. João Décio Passos
Maria Goretti de Oliveira
Dr. Matthias Grenzer
Dra. Vera Ivanise Bombonatto
Editores responsáveis: *Vera Ivanise Bombonatto*
João Décio Passos
Copidesque: *Ana Cecilia Mari*
Coordenação de revisão: *Marina Mendonça*
Revisão: *Sandra Sinzato*
Gerente de produção: *Felício Calegaro Neto*
Projeto gráfico: *Jéssica Diniz Souza*
Imagem de capa: *Papa Francisco, II Encontro dos Movimentos Populares, Bolívia, 2015.*
©Vatican Media

Nenhuma parte desta obra poderá ser reproduzida ou transmitida por qualquer forma e/ou quaisquer meios (eletrônico ou mecânico, incluindo fotocópia e gravação) ou arquivada em qualquer sistema ou banco de dados sem permissão escrita da Editora. Direitos reservados.

Paulinas

Rua Dona Inácia Uchoa, 62
04110-020 – São Paulo – SP (Brasil)
Tel.: (11) 2125-3500
http://www.paulinas.com.br – editora@paulinas.com.br
Telemarketing e SAC: 0800-7010081

© Pia Sociedade Filhas de São Paulo – São Paulo, 2018

Sumário

Apresentação 7
JOSÉ ERNANNE PINHEIRO

1. O Papa Francisco e o mundo de hoje 15
MANFREDO ARAÚJO DE OLIVEIRA

2. A Igreja Católica e os Movimentos Populares
ontem e hoje 33
IVO LESBAUPIN

3. Francisco e a economia 43
MAURÍCIO ABDALLA

4. "Vós sois semeadores de esperança" 63
CARLOS RODRIGUES BRANDÃO

5. A política de Francisco 85
ROBSON SÁVIO REIS SOUZA

6. A problemática do medo e da mudança social
no discurso do Papa Francisco 109
WILLIAM CESAR CASTILHO PEREIRA

7. O Papa Francisco e os Movimentos Populares 125
CELSO PINTO CARIAS

8. "Lá na ponte da aliança todo mundo passa" 137
MARCELO BARROS

9. "Uma bênção para a humanidade".............................. 151
FRANCISCO DE AQUINO JÚNIOR

10. A solidariedade que enfrenta os destrutivos
efeitos do império do dinheiro... 169
PASTORA ROMI MÁRCIA BENCKE

11. O Papa Francisco e os Movimentos Populares.......... 183
MANUEL GODOY

12. O papa valoriza o protagonismo dos
Movimentos Populares 207
FREI BETTO

13. Amplificando a voz de Francisco............................... 221
CHICO WHITAKER

NOTA: Os números em algarismos romanos, citados em todo o livro, indicam a ordem das mensagens cronologicamente apresentadas pelo papa (I, II, III); os números em algarismos arábicos indicam a página das respectivas mensagens, conforme publicação nas edições da CNBB.

Apresentação

> Reconhecemos nós, de verdade,
> que as coisas não andam bem num mundo
> onde há tantos camponeses sem terra,
> tantas famílias sem teto,
> tantos trabalhadores sem direitos,
> tantas pessoas feridas na sua dignidade?
> (Papa Francisco aos Movimentos Populares, II, 6).

Com prazer apresento mais uma publicação do Centro Nacional de Fé e Política Dom Helder Camara (CEFEP), organismo da CNBB, sobre *O Papa Francisco com os Movimentos Populares.*

Nos três encontros com os Movimentos Populares (2014, 2015 e 2016), o Papa Francisco apresenta sólidas reflexões para os Movimentos Populares, unindo sua voz à voz dos movimentos, ao expressar na reunião da Bolívia (2015): "A Bíblia lembra-nos de que Deus escuta o clamor do seu povo e também eu quero voltar a unir a minha voz à vossa, através dos famosos três "Ts": *terra, teto e trabalho*" (II,5). Igualmente, nesse segundo encontro, realizado na Bolívia (2015), apresenta três grandes tarefas que requerem decisiva contribuição do conjunto dos movimentos populares:

– A *primeira tarefa: pôr a economia a serviço dos povos.* Os seres humanos e a natureza não devem estar a serviço do dinheiro. Digamos *NÃO* a uma economia de exclusão e desigualdade, em que o dinheiro reina em vez de servir.

– *A segunda tarefa: unir os nossos povos no caminho da paz e da justiça.* Os povos do mundo querem ser artífices do seu próprio destino. Querem caminhar em paz para a justiça. Não querem tutelas nem interferências, onde o mais forte subordina o mais fraco. Querem que a sua cultura, o seu idioma, os seus processos sociais e tradições religiosas sejam respeitados.

– *A terceira tarefa (e talvez a mais importante)*: defender a *Mãe Terra*. A casa comum de todos nós está sendo saqueada, devastada, vexada impunemente. Não defendê-la é um pecado grave. Vemos, com crescente decepção, sucederem-se, uma após outra, as conferências internacionais sem qualquer resultado importante (cf. II,13ss).

Essa publicação responde exatamente ao objetivo do CEFEP, que é:

– contribuir com a formação de lideranças inseridas na política, em suas diferentes formas e níveis, a partir de uma reflexão das ciências sociais, da Bíblia e da Teologia;

– fomentar um pensamento social cristão em nosso país à luz dos valores evangélicos e do Ensino Social da Igreja.

Qual a justificativa para a CNBB criar o CEFEP? O Brasil vive um momento de transformações aceleradas. Como os cristãos poderão exercer sua missão neste mundo complexo da globalização? As Diretrizes da Ação Evangelizadora da Igreja do Brasil, renovadas a cada quatro anos, têm constatado o enfraquecimento da política, fruto de mudanças culturais – difusão do individualismo, do crescimento do poder dos grupos econômicos que impõem suas decisões à sociedade e substituem as instâncias políticas.

O CEFEP apresenta três eixos de atuação:

– *cursos de formação:* com duração de dois anos e turmas com média de cinquenta participantes de todas as regiões do país; o estudo é feito em parte com participação presencial e, em parte, a distância, numa parceria com a PUC-Rio, que oferece o certificado para os alunos após a elaboração de uma monografia;

– *rede de assessores:* realiza um seminário anual, em que planeja suas atividades, e tem produzido algumas publicações para o CEFEP;

– *articulação das escolas locais:* já temos mais de sessenta escolas locais ou regionais no Brasil; realizam um seminário anual para trocar experiências sobre seus conteúdos, metodologia e engajamento dos seus ex-alunos.

O Documento da CNBB, aprovado na 54ª Assembleia Geral, em Aparecida (SP), de 6 a 15 de abril de 2016, conhecido como Documento 105, tem como tema: "Cristãos leigos e leigas, na Igreja e na sociedade – sal da terra e luz do mundo (Mt 5,13-14)".

Esse documento tornou-se a base para o Ano Nacional do Laicato, que a CNBB promove desde a festa de Cristo Rei de 2017 até a festa de Cristo Rei de 2018. Aí lemos uma motivação especial para o exercício dos cristãos leigos e leigas, também no exercício da política. Após insistir na prioridade da formação dos cristãos leigos nas Igrejas particulares, o Documento 105 apresenta três elementos fundamentais para os cristãos leigos: "*Formação – espiritualidade – acompanhamento* (cf. n. 263).

Para isso, é urgente que as dioceses busquem: *estimular a participação dos cristãos leigos e leigas na política; impulsionar* os cristãos a construírem mecanismos de participação popular; *incentivar e preparar os cristãos leigos e leigas a participa-*

rem de partidos políticos e serem candidatos para o executivo e o legislativo; mostrar aos membros das nossas comunidades e à população em geral, que há várias maneiras de tomar parte na política: nos Conselhos Paritários de Políticas Públicas, nos movimentos sociais, conselhos de escola, coleta de assinaturas; *incentivar e animar* a constituição de Cursos e/ou Escolas de Fé e Política ou Fé e Cidadania, ou com outras denominações, nas dioceses e regionais; *acompanhar os cristãos* que estão com mandatos políticos (executivo e legislativo), no judiciário e no ministério público, e os que participam de Conselhos Paritários de Políticas Públicas".

Aliás, a reflexão dos documentos da CNBB sobre a missão da Igreja no compromisso social não é nova, porque é baseada no Ensino Social da Igreja, no Concílio Vaticano II, nas Conferências da Igreja Latino-Americana.

Vejamos o Documento da CNBB, n. 40 (1988), p. 91, com lucidez, em sintonia com as mensagens do Papa Francisco que estudamos:

"A consciência da Igreja na sua missão evangelizadora leva a Igreja a:

– *Publicar* documentos sobre a nossa situação política e suas exigências de justiça social e de consciência moral; *criar organismos de solidariedade* em favor dos oprimidos e valorizar as organizações populares e suas iniciativas de participação; *denunciar as violações dos direitos humanos*, alertando contra novos mecanismos discriminatórios e contra entidades que se apresentam com falsa feição democrática; *encorajar a opção evangélica* pelos pobres e a suportar a perseguição e, às vezes, a morte, como testemunho de sua missão profética; *contribuir para a educação política*, a fim de que a pessoa humana seja sujeito de sua história e exerça com responsabilidade a sua cidadania política; acompanhar os cristãos engajados na política partidária".

O Papa Francisco, com seus ensinamentos, não só legitima esta caminhada como oferece passos novos a partir das exigências do Evangelho no compromisso dos cristãos na política.

O *objetivo da atual publicação*, então, é refletir sobre as provocações do Papa Francisco nos encontros mundiais com os Movimentos Populares, potencializando o engajamento dos cristãos nos processos sociais de luta por direitos dos pobres e marginalizados e na transformação das estruturas da sociedade.

Nessa perspectiva é que apresentamos esta obra, uma elaboração da Rede de Assessores do CEFEP, a quem agradecemos pela dedicação dos organizadores e dos autores dos artigos, com o desejo de tornar o nosso querido Papa Francisco mais conhecido e amado e, também, com o firme propósito de colocar em prática seus ensinamentos.

PADRE JOSÉ ERNANNE PINHEIRO

Secretário executivo do CEFEP

"Reconhecemos nós, de verdade, que as coisas não andam bem num mundo onde há tantos camponeses sem terra, tantas famílias sem teto, tantos trabalhadores sem direitos, tantas pessoas feridas na sua dignidade."

Franciscus

O Papa Francisco
e o mundo de hoje

MANFREDO ARAÚJO DE OLIVEIRA*

I. Evangelizar para o novo Francisco

Compreendeu-se, mundo afora, que a escolha do nome Francisco para o novo papa significou a escolha de um programa de vida e de uma forma de serviço que cabe ao bispo de Roma na Igreja Católica. O Papa Francisco orienta todo seu ministério a partir da alegria profunda do Evangelho que enche "o coração e a vida inteira daqueles que se encontram com Jesus"[1] e procuram nos mais diferentes lugares e situações renovar seu encontro pessoal com ele (AE 3). No discurso inaugural de suas atividades, ele afirmou claramente que isso implica uma Igreja que seja testemunha de uma vida simples, que tenha cuidado pelos mais frágeis, cuidado pela paz e pela natureza. Francisco de Assis, no mundo conturbado do início da Modernidade, concentrou-se naquilo que é essencial para a comunidade dos discípulos de Jesus: o Evangelho, e com ele os pobres deste mundo, para quem

---

* Doutor em Filosofia pela Universidade de Munique, professor de Filosofia da Universidade Federal do Ceará (UFC), assessor do Centro Nacional de Fé e Política Dom Helder Camara.

[1] PAPA FRANCISCO. Exortação apostólica *Evangelii Gaudium*, A alegria do Evangelho: sobre o anúncio do Evangelho no mundo atual. São Paulo: Paulus/Loyola, 2013, n. 1. Citada de agora em diante no texto como AE.

em primeiro lugar o anúncio do Reino de Deus constitui uma "Boa-Nova".

Para o novo Francisco, isso significa para a Igreja em nossos dias a tarefa de tomar consciência de que o destino do povo de Deus não é diferente do destino de toda a humanidade e de que, portanto, a missão da Igreja consiste em inserir-se no mundo e abrir-se às alegrias e às esperanças, às tristezas e às angústias dos homens e das mulheres de hoje, sobretudo dos pobres e atribulados. Daí a tarefa urgente: reabrir-se ao mundo para exercer o serviço da evangelização. Isso implica uma reconstrução da Igreja a partir do Evangelho e dos últimos deste mundo, uma Igreja que não se deixe seduzir pelo poder e pela riqueza, mas antes esteja centrada nos valores evangélicos, procurando atuar profeticamente no mundo por sua presença e seu serviço.

Assim, exige-se uma Igreja que seja capaz de escutar a sociedade, de ter sensibilidade para as gigantescas desigualdades sociais, de considerar com toda seriedade e sem temor todas as questões que a sociedade levanta, conhecendo e respeitando o ser humano em todas as suas dimensões, mostrando profunda compaixão diante do sofrimento e confrontando-se com as inúmeras formas de injustiça. Os gritos que pedem justiça continuam ainda hoje muito fortes: "... não podemos esquecer que a maior parte dos homens e mulheres do nosso tempo vive o seu dia a dia precariamente, com funestas consequências... O medo e o desespero apoderam-se do coração de inúmeras pessoas..." (AE 52).

Trata-se "de um sistema econômico que põe os benefícios acima do homem, se o benefício é econômico, acima da humanidade ou do homem, são os efeitos de uma cultura do descarte" (I,11). É, diz o papa, "um *terrorismo de base* que provém do controle global do dinheiro na terra, ameaçando a humanidade inteira" (III,9). Portanto, temos que olhar o mundo compreendendo que ele constitui em si mesmo um desafio ético/histórico sem precedentes e que nos desafia de forma radical a tomar decisões corajosas e livres no momento presente, refletindo sobre suas consequências, a fim de que elas sejam capazes de superar os males que nos afligem.

Para Francisco, evangelizar supõe da Igreja a capacidade de não se refugiar em si mesma, mas de sair de si mesma e ir para as periferias geográficas e existenciais do mistério da dor, do sofrimento, da violência, da injustiça, de toda miséria na vida humana. Uma Igreja que, por sua pregação e estilo de vida, ajude as pessoas a compreenderem que somos todos responsáveis pela formação das novas gerações, ajudando-as a reabilitar a "política", que é uma das formas mais altas da caridade, a fim de que cada vez mais cresça a participação das pessoas no enfrentamento dos problemas comuns, que se evite todo tipo de elitismo e que, imprimindo uma visão humanista à economia, erradique-se a pobreza.

Numa palavra, o desafio é superar o grande risco de toda comunidade religiosa: a autorreferencialidade, o que significa prender Jesus em si mesma. O lugar da comunidade eclesial não pode ser ela mesma, mas o mundo como ele está hoje configurado e diante de suas crises profundas: uma sociedade secular que não mais se deixa tutelar por instâncias exteriores a si mesma, que por isso reivindica autonomia plena em relação a qualquer compreensão religiosa do mundo, marcada por uma miséria que ameaça a vida de dois terços da humanidade e por um processo gigantesco de destruição das próprias bases da vida no planeta: "...crescem a falta de respeito e a violência, a desigualdade social torna-se cada vez mais patente. É preciso lutar para viver, e muitas vezes viver com pouca dignidade" (AE 52). Para o papa, tudo isso é fruto de um sistema que "impôs a lógica do lucro a todo custo, sem pensar na exclusão social nem na destruição da natureza" (II,7).

É impossível imaginar um futuro, para a sociedade, digno do ser humano sem uma colaboração significativa das energias morais numa democracia que se entenda ser mais do que o mero equilíbrio da representação dos interesses estabelecidos. Daí por que o único modo de uma pessoa, uma família, uma sociedade crescer, a única forma que faz avançar a vida dos povos é a "cultura do encontro", em que cada um tem algo de bom com que contribuir. A Igreja precisa fazer-se humildemente servidora desse processo de reconfiguração da vida humana, assumindo o papel fecundo de fermento na vida social.

É, portanto, no mundo que a comunidade dos discípulos de Jesus cumpre a missão de evangelizar que recebeu de Jesus: a Igreja não existe em função de si mesma, mas a serviço do mundo; ela deve acompanhar a humanidade em todos os seus processos (AE 24). Daí o motivo de sua insistência numa "Igreja em saída" (AE 20) para chegar às periferias humanas. Assim, ela não pode ser indiferente ao que se passa no mundo, antes faz parte de sua missão compreender o que acontece e discernir os apelos de Deus a partir de seu contexto histórico. Numa palavra, exige-se uma Igreja que se organize para servir a todos os batizados e aos homens de boa vontade, que seja capaz de sair da cultura rural onde nasceu para anunciar o Evangelho no idioma da cultura de hoje, objetivando oferecer uma resposta aos problemas existenciais do homem de hoje, especialmente das novas gerações.

O papa tem consciência, contudo, de que não é sua tarefa "oferecer uma análise detalhada e completa da realidade contemporânea" (AE 51), mas antes animar as comunidades eclesiais a "estudar os sinais dos tempos". Por isso, sua primeira palavra é um convite aos cristãos a tomar consciência da grave responsabilidade de tentar compreender nosso contexto histórico, uma vez que "algumas realidades hodiernas, se não encontram boas soluções, podem desencadear processos de desumanização tais que será difícil depois retroceder" (AE 51). O que se impõe, então, é a urgência de fazermos um "discernimento evangélico" que possa abrir caminhos para o percurso da Igreja em nosso mundo (AE 1).

II. Discernimento de novos caminhos para o Evangelho no mundo

Como está estruturado nosso mundo? O papa começa com uma consideração do horizonte de compreensão que marca o mundo atual e que constitui para ele um grande risco para a vida humana: a humanidade contemporânea, com sua múltipla e avassaladora oferta de consumo, é marcada por uma tristeza individualista que gera um coração comodista e mesquinho. Isso leva o homem atual a pôr no centro de sua vida a consciência isolada, que busca prazeres superficiais, o que o conduz a se fechar em seus próprios interesses eliminando o espaço para os outros, sobretudo, para os pobres e para Deus. Isso tem consequências em todas as dimensões de sua vida (AE 2).

O papa compreende que a sociedade moderna de hoje, em aspectos fundamentais, não é mais aquela que se apresentava no período do Vaticano II. Naquela época reinava um grande entusiasmo com as grandes conquistas do homem moderno e se difundia a ideia de que o desenvolvimento econômico, fruto da revolução industrial com seus padrões de consumo, poderia estender-se a toda a humanidade e, assim, poderia atingir as grandes massas das populações do assim chamado Terceiro Mundo.

Na tentativa de compreender esses processos, C. Furtado[2] articulou a tese fundamental de que se terminou criando o "mito do desenvolvimento" radicado na pressuposição de uma confiabilidade inquebrantável no desenvolvimento tecnológico e no sistema de mercado. Além disso há aqui, o que é muito importante, um reconhecimento implícito do direito de todos os seres humanos a participar dos frutos do desenvolvimento. Essa tese foi radicalmente contestada por L. von Mises, a grande referência teórica de F. Hayek, certamente um dos mais importantes teóricos que inspirou a teoria econômica hoje hegemônica. Von Mises defende a tese de que não há leis naturais que concedam a todas as pessoas o direito de acesso a bens materiais,[3] consequentemente não existe algo como uma "justa distribuição" de bens econômicos a partir de que se pudesse criticar ou intervir na forma como o mercado efetiva essa distribuição. Não há, por isso, dívida social a pagar pelo Estado ou pela sociedade. Dessa forma, todo programa social que, em nome da preten-

---

[2] Cf. FURTADO, C. *O mito do desenvolvimento econômico.* Rio de Janeiro: Paz e Terra, 1974. p. 16.

[3] Cf. a respeito da prioridade dos direitos fundamentais ante o mercado: SUNG, J. M. Teologia da Libertação e a "revolução da estrutura mítica" do capitalismo. *REB*, v. 76, n. 304 (2016), 792-819; *Religião, Direitos Humanos e neoliberalismo em uma era pós-humanista* (mimeo.), 2017.

sa justiça social, transfere riqueza dos ricos para os pobres não passa de roubo.[4]

Na verdade, no século passado, sobretudo depois da Segunda Guerra Mundial, a economia capitalista atingiu um grande progresso nas nações ricas, tendo sido capaz, através de uma série de mecanismos, de conciliar celeridade na acumulação de capital com mudanças relevantes nas condições de vida da classe trabalhadora. A década de 70 manifestou, por uma série de razões, o esgotamento deste modelo de configuração da economia capitalista. Neste contexto de crise reaparece, como resposta teórica à situação ameaçadora, uma teoria econômica[5] elaborada nos anos 40 que se vai chamar de "neoliberalismo" e que hoje constitui o princípio hegemônico configurador do mundo capitalista.

III. O "princípio-eixo" da economia liberal é o "mercado"

A teoria neoliberal considera o "mercado" como a realidade econômica empírica fundamental e articula suas categorias teóricas centrais a partir de uma projeção ao infinito dessa base empírica, o que torna possível a elaboração da categoria de "mercado perfeito"[6] ou de "competição perfeita". Mercado é um mecanismo de funcionamento do processo produtivo. Mercado perfeito significa a efetivação suprema

---

[4] Cf. MISES, L. von. *The Anti-capitalist Mentality*. Auburn: Ludwig von Mises Institute, 2008.

[5] Cf. HAYEK, F. A. *The Road to Serfdom: texts and documents*. Definitive Edition. Chicago: University of Chicago Press, 2007.

[6] Um conceito considerado autocontraditório pelo próprio Hayek. Cf. HAYEK, F. A. *Individualismus und wirtschafliche Ordnung*. Erlenbach-Zürich: Eugen Rentsch Verlag, 1952, p. 27.

desse mecanismo, o que conduz a um equilíbrio entre os três elementos básicos de produção: os fatores de produção, os consumidores e os produtos.

Para essa elaboração, essa teoria parte da ideia de que o ser humano é um ser de necessidades e desejos que, para serem satisfeitos, têm necessidade de recursos. A partir daqui, é possível delinear o problema econômico fundamental da vida humana: existe uma discrepância entre necessidades e desejos humanos e os meios de satisfazê-los. Por isso, todo sistema econômico é, na realidade, uma escolha de uma forma de enfrentar o desafio básico da escassez de bens. A sociedade moderna é marcada por um problema fundamental que exige uma maneira determinada de enfrentamento dessa questão. Trata-se de uma sociedade extremamente complexa, fundada na divisão social do trabalho e, consequentemente, no trabalho individual. A questão econômica central aqui é a questão da coordenação dos diversos processos de trabalho realizados por diferentes agentes econômicos que interagem entre si. A questão, então, diz respeito a como essas diferentes atividades podem ser coordenadas entre si, de tal modo que o resultado do conjunto da produção de todos possa adequar-se às suas escolhas de consumo.

É a busca de solução para essa questão que conduz, desde A. Smith, à articulação da tese fundamental de uma economia de orientação liberal. O ponto de partida é a consideração da liberdade de cada indivíduo na busca da satisfação de suas necessidades e desejos na base de seus recursos e conhecimentos, sem qualquer plano imposto pela instância estatal. A tese é de que há um mecanismo impessoal (Smith utiliza aqui a metáfora da "mão invisível") que garante uma lógica interna de funcionamento na aparente desordem proveniente do entrelaçamento dessas inúmeras atividades.

Essa ordem estrutural garante, na linguagem da teoria econômica neoclássica, a alocução eficiente dos recursos produtivos. Isso significa dizer que, na medida em que cada um busca seu próprio interesse, faz-se, por mediação do sistema de preços, a coordenação dessa multiplicidade imensa de atividades com a exclusão de qualquer intervenção estatal. Esse mecanismo, "princípio-eixo" da economia liberal, é precisamente o "mercado", que é, assim, tratado como um princípio de articulação de um determinado paradigma econômico, ou seja, o paradigma liberal, que é diametralmente contraposto ao paradigma da economia baseada na intervenção estatal. Esta é excluída, a não ser quando se destina ao fortalecimento do próprio mercado, à consolidação dos interesses do capital e à ampliação da abertura comercial e financeira. Nessa forma de configuração da atividade econômica, para Francisco, "instaura-se uma nova tirania invisível, às vezes virtual, que impõe, de forma unilateral e implacável, as suas leis e as suas regras" ... Neste sistema... "qualquer realidade que seja frágil, como o meio ambiente, fica indefesa diante dos interesses do mercado divinizado, transformados em razão absoluta" (AE 56).

O mercado se baseia nas trocas voluntárias e na formação de preços através de um processo competitivo, constituindo-se como o único mecanismo capaz de regular e coordenar as atividades de indivíduos membros de sociedades marcadas pela divisão do trabalho. O Papa Francisco aponta para teorias econômicas que defendem que assim se chega não só a um sistema capaz de funcionar adequadamente, mas que é também capaz de produzir justiça social: "pressupõem que todo crescimento econômico, favorecido pelo livre mercado, consegue por si mesmo produzir maior equidade e inclusão social no mundo. Esta opinião, que nunca foi confirmada pelos fatos, exprime uma confiança vaga e ingênua na bondade daqueles que detêm o poder econômico e nos mecanismos sacralizados do sistema econômico reinante" (AE 54).

Como se legitima a primazia do mercado diante do mecanismo do planejamento das atividades produtivas? O principal argumento dos neoliberais hoje é que o mercado exerce uma "função epistêmica" que o planejamento é incapaz de exercer, pois o planejamento pressupõe um conhecimento completo do mercado como condição de possibilidade da promoção consciente e voluntária do processo econômico. Dada a complexidade estrutural de uma economia moderna, isso é impossível, por isso só um "mecanismo inconsciente e automático" pode resolver o problema. Assim, o mercado se revela como um mecanismo capaz de suprir a falta de conhecimento e, com isso, de impedir a anarquia, produzindo um processo produtivo como um processo coordenado.

Essa economia, centrada no mercado como mecanismo exclusivo, passou por deslocamentos fundamentais nas últimas décadas, cuja compreensão é decisiva para que se possa entender a forma como o capitalismo se configura em nossos dias.[7] A tese fundamental é que o centro da economia hoje é o "capital financeiro". Está em curso um processo de globalização financeira que torna difícil aos países adotar políticas macroeconômicas independentes e as reformas fi-

---

[7] Cf. DOWBOR, L. *A era do capital improdutivo: a nova arquitetura do poder: dominação financeira sequestra da democracia e destruição do planeta*. São Paulo: Outras Palavras/Academia Literária, 2017.

nanceiras que são necessárias. Isso implicou a abertura de novas fontes de expansão para o capital e o deslocamento do eixo da acumulação, gerando uma espécie de elite que vive de juros e não da produção.

Os países se acostumaram com elevados níveis de remuneração financeira que desestimulam os investimentos no setor produtivo, além de comprometerem seriamente os recursos do orçamento com as despesas dos juros da dívida pública. A dominância absoluta do sistema financeiro produz efeitos sociais muito graves. Quando se cobra nos crediários mais de 100% de juros, como é o caso do Brasil, a intermediação financeira se está apropriando de metade da capacidade produtiva da população. Isso porque de algum lugar têm que vir os recursos para a apropriação financeira e, no nosso caso, eles vêm precisamente da taxa de juros sobre as famílias. As instituições de crédito sugam a capacidade de compra da população e, dessa forma, esterilizam a dinamização da economia pelo lado da demanda.

A exigência fundamental da "hegemonia dos mercados" é o corte dos direitos sociais e econômicos dos cidadãos, porque isso constitui gastos inaceitáveis ao progresso econômico, isto é, à acumulação de capital. Por isso, todo o conjunto de políticas se implanta na busca de modernização, um nome bonito para uma forma selvagem de acumulação que elimina os passos civilizatórios já conquistados na efetivação de direitos. Nesse sentido é que se pode falar com razão da destruição do sistema de proteção estabelecido para impedir o sofrimento dos mais fracos, vítimas da violência impessoal dos mercados, de modo especial no que diz respeito aos custos salariais e à regulação do mercado de trabalho como condição necessária para crescimento econômico.

Daí a exigência básica de desmonte radical de tudo o que no passado significou positivação de direitos. Em muitos países, as medidas são dramáticas como no Brasil: trabalho intermitente, anteposição da negociação entre empregadores e empregados à proteção legal, terceirização ilimitada, limitação do poder de recorrer à Justiça do Trabalho em virtude de entraves burocráticos. A tendência é a eliminação dos serviços públicos universais e dos programas sociais. Isso significa trocar a educação e a saúde do povo pelo crescimento econômico, que para muitos analistas cada vez mais se tem revelado uma miragem. Vinculado a isso está a desarticulação das organizações sindicais e dos movimentos sociais para "despolitizar" sua atuação e reduzir seu poder de negociação por meio de mudanças radicais na legislação trabalhista e da intensificação de medidas repressivas.

Numa palavra, os recursos são conseguidos por meio dos juros bancários: muitos não conseguem pagar as prestações com os juros de suas compras, enquanto bilhões são remetidos para paraísos fiscais. Assim, o principal motor da economia, o consumo das famílias, fica paralisado. O bem-estar das famílias depende do salário direto e indireto (creche, escola, saúde, transporte etc.). O salário indireto, uma vez que é público, gratuito, universal e de qualidade, gera equilíbrio social. Por essa razão, ao invés de diminuir gastos, uma política pública sensata consistiria em aumentar o salário indireto das famílias, como a reforma tributária, que é igualmente instrumento indispensável para o avanço do combate às desigualdades. Na situação atual, o rentismo fatura muito, mas seus dividendos não são tributados.

IV. Exigências de mudanças radicais

Essa situação exige mudanças radicais na atuação política na sociedade. Assim, por exemplo, os sindicatos normalmente ainda pensam que é necessário lutar basicamente pelo salário, porque é aqui que se concentra a exploração. No entanto, hoje o trabalhador é muito mais explorado pelo capital financeiro, pela taxa de juros: ele paga proporcionalmente o dobro ou mais pelo que compra. Nesse caso, é como ele dividisse o salário pela metade, ou seja, os pobres não somente pagam proporcionalmente mais imposto, como também pagam o dobro do que consomem porque não têm condição de fazer o pagamento à vista. Quem ganha dinheiro hoje são aqueles que podem fazer aplicações financeiras, o que não é o caso dos pobres, que precisam trabalhar e produzir para ganhar seus salários.

A intermediação financeira drena em volumes recursos impressionantes que deveriam servir ao fomento produtivo e ao desenvolvimento. O mercado financeiro impõe suas exigências e qualquer decisão em direção contrária provoca pressões políticas fortes e um bombardeio da mídia para amedrontar a população. Não é mais a "mais-valia salarial" que importa, mas a "mais valia-financeira". Hoje são os gigantes financeiros que fazem a regulação da economia. Não existem razões plausíveis para a economia não funcionar. É indispensável que se compreenda que a generalização da inclusão social e a redução dos desequilíbrios internos esbarram em razões estruturais. O Papa Francisco chama isso de uma nova forma de colonialismo: "O novo colonialismo assume variadas fisionomias. Às vezes, é o poder anônimo do ídolo dinheiro: corporações, credores, alguns tratados denominados 'de livre-comércio' e a imposição de medidas de 'austeridade' que sempre apertam o cinto dos trabalhadores e pobres" (II,18-19).

O discernimento evangélico que, segundo o Papa Francisco, é exigência decisiva da nova evangelização, o levou a articular um "juízo ético" sobre essa situação que lhe aparece em primeiro lugar como um escândalo, uma vez que nesta sociedade com tanta produtividade há milhões de pessoas que morrem de fome no mundo:

> A outra dimensão do processo já global é a fome. Quando a especulação financeira condiciona o preço dos alimentos tratando-os como uma mercadoria qualquer, milhões de pessoas sofrem e morrem de fome. Por outro lado, descartam-se toneladas de alimentos. Isso constitui um verdadeiro escândalo (I,8).

Daí a primeira exigência ética de nosso tempo: "Assim como o mandamento 'não matar' põe um limite claro para assegurar o valor da vida humana, hoje devemos dizer 'não a uma economia de exclusão e desigualdade social'. Essa economia mata" (AE 53). "Na realidade, a desigualdade atingiu níveis obscenos."[8] O problema ético de fundo dessa forma de configurar a vida humana consiste na redução do ser humano a uma de suas dimensões, o consumo, e ele mesmo a um bem consumível: "O ser humano é considerado, em si mesmo, como um bem de consumo que se pode usar e depois lançar fora. Assim teve início a cultura do descartável"... Os excluídos não são "explorados", mas resíduos, "sobras" (AE 53). "... neste sistema o homem, a pessoa humana foi deslocada do centro e substituída por outra coisa... se presta um culto idolátrico ao dinheiro... se globalizou a indiferença!" (I,16).

---

[8]   Cf. DOWBOR, op. cit., p. 22.

Isso revela uma crise antropológica profunda: "... a negação da primazia do ser humano. Criamos novos ídolos. A adoração do antigo bezerro de ouro (cf. Ex 32,1-35) encontrou uma nova e cruel versão no fetichismo do dinheiro e na ditadura de uma economia sem rosto e sem um objetivo verdadeiramente humano" (AE 55). Ora, para o papa, "o dinheiro deve servir, não governar" (AE 58). Para ele, sua posição já é em si mesma uma contraposição radical a esta nova idolatria do dinheiro, que contém implicitamente uma rejeição da ética e de Deus. A ética aqui "é sentida como uma ameaça, porque condena a manipulação e a degradação da pessoa. Em última instância, a ética leva a Deus, que espera uma resposta comprometida que está fora das categorias do mercado" (AE 57). Esse "sistema social e econômico é injusto em sua raiz" (AE 59), uma vez que "um mal embrenhado nas estruturas de uma sociedade sempre contém potencial de dissolução e de morte" (AE 59), pois põe o ser humano e a natureza a serviço do dinheiro (II,14).

Tematizando o que denominou as "causas estruturais" do drama social e ambiental do mundo contemporâneo, ele afirma:

> E por trás de tanto sofrimento, tanta morte e destruição, sente-se o cheiro daquilo que Basílio de Cesareia chamava o 'esterco do diabo': reina a ambição desenfreada por dinheiro. O serviço do bem comum fica em segundo plano. Quando o capital se torna um ídolo e dirige as opções dos seres humanos, quando a avidez pelo dinheiro domina todo o sistema socioeconômico, arruína a sociedade, condena o homem, transforma-o em escravo, destrói a fraternidade inter-humana, faz lutar povo contra povo e até, como vemos, põe em risco a causa comum (II,8).

O Papa Francisco conclamou os cristãos a escutar o clamor por justiça no mundo atual, o que é uma exigência que concerne a todos, independentemente se têm alguma fé religiosa ou não. Isso implica entrar num autêntico diálogo que procure sanar efetivamente as raízes profundas e não a aparência dos males do nosso mundo. Essa tarefa tem dois momentos complementares: a cooperação para resolver as causas estruturais da pobreza e para promover o desenvolvimento integral dos pobres como os gestos mais simples e diários de solidariedade para com as misérias muito concretas que encontramos. Solidariedade aqui significa a gestação de uma nova mentalidade: pôr em primeiro plano a comunidade, dar prioridade à vida de todos diante da apropriação de bens por parte de alguns, reconhecer a função social da propriedade e o destino universal dos bens como realidades anteriores à propriedade privada, pois "O destino universal dos bens não é um adorno retórico da doutrina social da Igreja. É uma realidade anterior à propriedade privada. A propriedade, sobretudo quando afeta os recursos naturais, deve estar sempre em função das necessidades das pessoas" (II,16). Daí a primeira tarefa: "... pôr a economia a serviço dos povos" (II,14).

A solidariedade significa, assim, a decisão de devolver ao pobre o que lhe corresponde, o que implica igualmente mudanças estruturais e novas convicções e atitudes. Não se trata apenas de garantir comida ou um sustento decoroso, mas prosperidade e civilização em seus múltiplos aspectos, o que engloba educação, acesso aos cuidados da saúde e trabalho. A solidariedade é muito mais, diz o papa, do que alguns gestos de generosidade esporádicos. É pensar e agir em termos de comunidade, de prioridades da vida de todos sobre a apropriação dos bens por parte de alguns. É também luta contra as causas estruturais da pobreza, a desigualdade, a falta de trabalho, a terra e a casa, a negação dos direitos sociais e laborais (I,6).

Daí a urgência em atacar as "causas estruturais" da pobreza só pode acontecer renunciando à "autonomia absoluta dos mercados" (AE 56) e da especulação financeira e enfrentando as causas estruturais da desigualdade, já que ela constitui a raiz dos males sociais. Isso permite articular um horizonte ético que deve nortear toda a política econômica: a dignidade de cada pessoa humana e o bem comum são os valores éticos de base e por isso não devem ser reduzidos a apêndices acrescentados de fora para ampliar discursos políticos que não possuem nem perspectivas nem programas de um desenvolvimento integral. Para o papa, essa mudança de estruturas que se deve fazer tem que ser "uma mudança que toque também o mundo inteiro, porque hoje a interdependência global requer respostas globais para os problemas locais" (II,7).

Isso tudo implica que não se pode confiar nas forças cegas e na mão invisível do mercado. Um crescimento equitativo não se identifica pura e simplesmente com crescimento econômico, embora o pressuponha. Ele exige certamente decisões, programas, mecanismos e processos que estejam efetivamente orientados para uma melhor distribuição de renda, para criação de oportunidades de trabalho, para uma promoção dos pobres que supere o mero assistencialismo. Assim, a mudança exigida é aquela "que seja capaz de mudar o primado do dinheiro e pôr novamente no centro o ser humano, o homem e a mulher" (III,9). Esta é aqui a exigência ética fundamental.

Sem um compromisso radical com a justiça, muitas palavras fundamentais se tornam vazias e molestas: ética, solidariedade mundial, dignidade dos fracos, distribuição dos bens. Nesse contexto, o papa lamenta que até os direitos humanos podem ser usados como justificação para uma defesa exacerbada dos direitos individuais e dos direitos dos povos mais ricos. Como diz o papa, "Isto acontece quando no centro de um sistema econômico está o 'deus dinheiro' e não o homem, a pessoa humana" (I,11). Respeitando as diferentes culturas, é preciso lembrar sempre que o planeta é de toda a humanidade e para toda a humanidade, e o simples fato de ter nascido em lugares com menores recursos de nenhuma forma justifica que algumas pessoas vivam menos dignamente.

Por isso, para falar adequadamente de nossos direitos, implica que sejamos capazes de alargar nosso olhar e abrir os ouvidos para o clamor de outras pessoas, de outras regiões de nosso próprio país, de outros povos, especialmente dos povos mais pobres da terra. É isso que pode unir os povos no caminho da paz e da justiça (II,17). Diante desses enormes desafios, Francisco insiste sempre no único meio que lhe parece necessário: entre a indiferença egoísta e o protesto violento existe uma opção, o diálogo, o diálogo entre gerações, o diálogo no povo, a capacidade de dar e receber. Para ele, um país só cresce verdadeiramente quando suas diversas riquezas culturais dialogam de forma construtiva. "... o futuro da humanidade não está unicamente nas mãos dos grandes dirigentes, das grandes potências e das elites. Está fundamentalmente nas mãos dos povos..." (II,23).

A Igreja Católica
e os Movimentos Populares
ontem e hoje

Ivo Lesbaupin*

A relação da Igreja Católica com os Movimentos Populares sempre foi difícil. Estamos falando dos movimentos operários, dos movimentos camponeses, dos movimentos urbanos, dos movimentos das classes populares, em suma. Tradicionalmente, a Igreja oficial tem tomado distância em relação aos movimentos de baixo; ela prefere ter uma boa relação com o poder estabelecido, para ter condições de levar à frente o que considera sua missão. Se o poder estabelecido trata mal a Igreja, se dificulta seu trabalho, suas escolas, seus meios de comunicação, a Igreja entra em conflito com ele e pode até se aliar aos movimentos sociais com este fim. Mas, se as relações com o poder são boas, a Igreja desconfia desses movimentos. Assim foi no passado, assim é na maior parte das vezes.

Gramsci, ao analisar o caso da Igreja Católica italiana, já havia observado que a Igreja, *enquanto organização eclesiástica*, só se ocupa de seus interesses corporativos:

---

* Doutor em sociologia pela Universidade de Toulouse-Le-Mirail, França. Professor aposentado da Universidade Federal do Rio de Janeiro (URFJ); membro do ISER-assessoria; membro da direção colegiada da Associação Brasileira de ONGs (Abong).

Para bem compreender a posição da Igreja na sociedade moderna, é preciso compreender que ela está disposta a lutar somente para defender suas liberdades corporativas particulares (a Igreja enquanto Igreja, organização eclesiástica), isto é, os privilégios que ela proclama estarem ligados à sua própria essência divina. (...) Por "despotismo" a Igreja entende a intervenção da autoridade do Estado leigo para limitar ou suprimir seus privilégios, nada mais: ela reconhece qualquer autoridade de fato e, na medida em que não tocar em seus privilégios, a legitima; se, em seguida, a autoridade aumenta seus privilégios, a Igreja a exalta e a proclama providencial.[1]

Cabe observar que Gramsci distinguia a *Igreja-organização eclesiástica* da *Igreja-comunidade dos fiéis*.

Na Idade Média, os movimentos sociais mais importantes são os dos camponeses contra os senhores feudais. Ora, a Igreja é a maior proprietária de terras. A partir do século XIX, com o processo de industrialização, o movimento operário passa progressivamente a ocupar o lugar principal. O surgimento da proposta socialista, especialmente o socialismo de origem marxista, vai ser um elemento fundamental da luta operária. A vinculação entre marxismo e ateísmo e o questionamento da posição da Igreja como legitimadora do Estado capitalista levarão a Igreja a manter distância em relação ao movimento operário. Movimento operário lembra socialismo e anticlericalismo, mesmo que muitos operários sejam católicos. Vai levar bastante tempo até que a Igreja tome consciência da questão social.

Só com Leão XIII e sua encíclica *Rerum Novarum* (1891), a Igreja reconhece a gravidade da problemática dos trabalha-

---

[1] GRAMSCI, Antonio. *Maquiavel, a política e o Estado moderno*. 2. ed. Rio de Janeiro: Civilização Brasileira, 1976. p. 289.

dores e passa a defender alguns de seus direitos, o direito ao salário justo, ao repouso dominical, o direito à associação. Condena o liberalismo individualista, mas condena igualmente as ideias socialistas.

Passa a existir uma abertura para os movimentos de defesa dos trabalhadores, desde que tenham uma marca cristã. Na França, em 1919, vai ser fundada a Confederação Francesa de Trabalhadores Cristãos (CFTC).

Cresce em vários lugares a consciência da questão social. O envolvimento cada vez maior dos cristãos com a pobreza, a miséria, com a vida e a luta dos trabalhadores, vai levar a compromissos mais efetivos. Aqui tem um papel muito importante a Ação Católica Especializada, especialmente a JOC (Juventude Operária Católica), iniciada na Bélgica em 1924. Outros ramos da Ação Católica vão ter influência também, mais tarde, como a JEC (Juventude Estudantil Católica) e a JUC (Juventude Universitária Católica). São setores que se vão envolver na luta pelos direitos dos trabalhadores e pressionar a instituição para ser fiel à sua missão social.

É na França que vão aparecer experiências inovadoras: surge em 1941 a *Mission de France* e, em 1943, a *Mission de Paris*, destinada a formar padres para a classe operária. A partir de algumas experiências anteriores, isoladas, vai surgir o movimento dos "padres operários". A hierarquia – os bispos –, com raras exceções, vê com muita desconfiança esta aproximação: padres nas fábricas, participando de lutas operárias, eventualmente fazendo greve, convivendo com marxistas, é para ela um perigo. Vão se suceder decretos e interditos cada vez mais frequentes até a suspensão da experiência pelo Papa Pio XII em 1954. Durou pouco mais de dez anos. E, em 1959, os padres marinheiros são também proibidos pelo Vaticano.

A verdadeira abertura da Igreja à questão social virá com João XXIII. Embora tenha havido acenos parciais de Pio XII com relação aos direitos humanos e à democracia, a barreira cai realmente com a encíclica *Pacem in Terris*, de 1963. Nesta, os direitos humanos são plenamente assumidos pela Igreja, depois de mais de um século de rejeição (cf. o *Syllabus* de Pio IX, 1864) ou desconfiança. A *Declaração dos Direitos do Homem e do Cidadão* (1789), nascida da Revolução Francesa, só poderia ser malvista pela Igreja Católica, identificada como parte da dominação feudal a ser derrubada. A afirmação da liberdade de consciência era algo herético para uma Igreja que se considerava a única verdadeira.

Graças à encíclica de João XXIII e ao Concílio Vaticano II (1962-1965), novos ventos percorrem a Igreja Católica e, em 1965, o Papa Paulo VI autoriza novamente os padres a se tornarem operários.

Na América Latina, a partir da Revolução Cubana (1959), cresce a identificação com as lutas pela transformação social por parte de setores da Igreja, especialmente os jovens da Ação Católica – JUC, JEC, JOC –, alguns padres jovens e alguns bispos. Surgem em vários lugares organizações de luta pela justiça social de cristãos ou de padres: *Ação Popular*, Brasil; o grupo sacerdotal *Golconda*, na Colômbia; *Sacerdotes pelo Terceiro Mundo*, na Argentina; *Cristãos para o socialismo*, no Chile; e outros. Era um setor minoritário da Igreja, mas muito atraente para uma parte da juventude católica, uma parte do clero jovem e alguns bispos com forte liderança, em todos os países da América Latina. É um período marcado pela "ida para o povo", padres e irmãs que vão viver em bairros populares e favelas das cidades ou em áreas rurais, junto aos camponeses, época do início das comunidades eclesiais de base e, em alguns países, lutas de guerrilha contra regimes autoritários, nas quais se envolveram cristãos (Nicarágua, Colômbia, Guatemala, El Salvador, sobretudo). As posições do Papa João XXIII (1958-1963), voltadas para a abertura da Igreja e para a questão social, vão ter muita influência no posicionamento desse setor da Igreja, e o Concílio Ecumênico Vaticano II (1962-1965) terá um impacto extraordinário. Não sem razão, a II Conferência Episcopal Latino-americana, realizada em Medellín, em 1968, vai ser um evento forte e marcar a Igreja da América Latina. Lá confluíram o espírito do Concílio e as práticas comprometidas dos cristãos deste continente: ali teve início a Teologia da Libertação, antes do nome.

No caso do Brasil, houve uma novidade que foi o compromisso de um número significativo de bispos – cerca de 40 – com a defesa dos direitos humanos e a denúncia da repressão diante da ditadura civil-militar. Num universo de duzentos e cinquenta bispos, este grupo, embora minoritário, vai ter muita influência durante o período autoritário (1964-1985), especialmente a partir de 1970.

Em fins dos anos 1960 e durante toda a década seguinte, padres e irmãs inseridos em meio popular e outros vão se solidarizar com os moradores das periferias vivendo em condições precárias e com trabalhadores rurais e pequenos proprietários, ajudando-os a se organizar e apoiando os movimentos urbanos e de camponeses. É a época do *Movimento do Custo de Vida* (MCV), em São Paulo, em que nascem as oposições sindicais, promovidas e/ou apoiadas pela Pastoral Operária e pela CPT no campo. Setores da Igreja vão apoiar as greves operárias do final dos anos 1970 contra a ditadura.

Portanto, mesmo se considerarmos como ponto de partida o século XX, é possível distinguir uma posição da Igreja institucional, da hierarquia, distante, receosa e desconfiada em relação aos Movimentos Populares. Fundamentalmente por causa de sua proximidade com o poder político. Mesmos nos países onde este poder era explicitamente laico, a Igreja Católica preferia a boa convivência com o poder estabelecido.

De outro lado, especialmente a partir da Segunda Guerra Mundial, há uma militância e um compromisso cada vez maior de leigos, especialmente de jovens, e de padres jovens, de religiosas, com os trabalhadores, com os pobres, com as periferias. Tal atuação levou não poucas vezes a conflitos com as autoridades episcopais, mas ao mesmo tempo pressionou a Igreja a rever suas posições e a assumir a causa social. João XXIII vai ser a expressão dessas vozes vindas de baixo, e o Concílio vai recolher reivindicações silenciadas/reprimidas por décadas. Teólogos anteriormente afastados ou condenados por suas posições avançadas vão se tornar consultores para a elaboração de vários textos conciliares.

A *Gaudium et Spes*, documento conciliar sobre *A Igreja no mundo contemporâneo*, exprime um novo posicionamento:

> As alegrias e as esperanças, as tristezas e as angústias dos homens de hoje, sobretudo dos pobres e de todos aqueles que sofrem, são também as alegrias e as esperanças, as tristezas e as angústias dos discípulos de Cristo. Não há realidade alguma verdadeiramente humana que não encontre eco no seu coração (GS 1).[2]

Não se trata mais da Igreja contra o mundo, mas da Igreja inserida no mundo e comprometida com os seres humanos, especialmente os pobres.

---

[2] Cf. VATICANO II. *Mensagens, discursos, documentos*. 2. ed. São Paulo: Paulinas, 2007.

Paulo VI vai dar continuidade a esse processo e vai ajudar a Igreja a firmar os novos rumos com a sua encíclica *Populorum Progressio* (1967). Ele denuncia o capitalismo liberal:

> Infelizmente, sobre estas novas condições da sociedade, construiu-se um sistema que considerava o lucro como motor essencial do progresso econômico, a concorrência como lei suprema da economia, a propriedade privada dos bens de produção como direito absoluto, sem limite nem obrigações sociais correspondentes (PP, 26).[3]

Ele propugna o desenvolvimento integral, quer dizer, de "todos os homens e do homem todo" (PP, 14); o verdadeiro desenvolvimento "é, para todos e para cada um, a passagem de condições menos humanas a condições mais humanas" (PP, 20). Menos humanas são a miséria, a exploração do trabalho, a opressão, que têm de ser superadas.

Medellín vai ser a irrupção do pobre e o compromisso com a libertação:

> É o mesmo Deus que, na plenitude dos tempos, envia seu Filho para que feito carne, venha libertar todos os homens, de todas as escravidões a que o pecado os sujeita: a fome, a miséria, a opressão e a ignorância, numa palavra, a injustiça e o ódio que têm sua origem no egoísmo humano (Jo 8,32-34) (Medellín, Justiça, II, 3).[4]

A Igreja de Medellín e que vai novamente se manifestar em Puebla (1979) é uma Igreja que se coloca do lado dos

---

[3] PAULO VI. *Carta encíclica* Populorum Progressio, *sobre o desenvolvimento dos povos.* 11. ed. São Paulo: Paulinas, 1990.

[4] *Conclusões da Conferência de Medellín, 1968: trinta anos depois, Medellín é ainda atual?* 3. ed. São Paulo: Paulinas, 2010.

pobres, que denuncia a violência institucionalizada e propugna a libertação.

O Sínodo Episcopal sobre a Justiça (1971) vai consagrar como missão cristã a luta pela justiça:

> A ação pela justiça e a participação na transformação do mundo aparecem-nos claramente como uma dimensão constitutiva da pregação do Evangelho, que o mesmo é dizer, da missão da Igreja, em prol da redenção e da libertação do gênero humano de todas as situações opressivas.[5]

Teremos, especialmente entre fins dos anos 1950 e início dos anos 1980, setores da Igreja mundial e, particularmente, setores da Igreja latino-americana engajados na defesa dos direitos dos pobres, dos trabalhadores, dos injustiçados, e identificados com os Movimentos Populares. Em muitos lugares, eles sofrerão as consequências de seu compromisso.

O período posterior é marcado pelos pontificados de João Paulo II (1978-2005) e de Bento XVI (2005-2013), com uma guinada para o conservadorismo, chamada por Libânio de "volta à grande disciplina".[6] Aqueles que haviam tomado posições mais proféticas, fossem eles teólogos, bispos ou padres, sofreram advertências, processos disciplinares, condenações. O compromisso com os pobres, com a luta pela justiça, retrocede e toma lugar central a preocupação com a Igreja Católica enquanto instituição, com a afirmação do primado da doutrina, o respeito à hierarquia.

---

[5] SÍNODO DOS BISPOS. *A justiça no mundo*. Disponível em: < http://www.vatican.va/roman_curia/synod/documents/rc_synod_doc_19711130_giustizia_po.html >.

[6] Cf. LIBÂNIO, João Batista. *A volta à grande disciplina: reflexão teológico-pastoral sobre a atual conjuntura da Igreja*. São Paulo: Loyola, 1983.

Isso faz com que o momento atual seja vivido como uma primavera na Igreja. Nunca tivemos uma posição tão nítida em defesa dos Movimentos Populares como se deu com o pontificado de Francisco. É a primeira vez que a maior autoridade da Igreja Católica reconhece publicamente nos Movimentos Populares o papel de sujeito da transformação social.[7]

> Vós, os mais humildes, os explorados, os pobres e os excluídos, podeis e fazeis muito. Atrevo-me a dizer que o futuro da humanidade está, em grande medida, nas vossas mãos, na vossa capacidade de vos organizar e promover alternativas criativas na busca diária dos "3 Ts" (terra, teto e trabalho), e também na vossa participação como protagonistas nos grandes processos de mudança nacionais, regionais e mundiais (II,9).

> Neste caminho, os movimentos populares têm um papel essencial, não apenas exigindo e reclamando, mas fundamentalmente criando. Vós sois poetas sociais: criadores de trabalho, construtores de casas, produtores de alimentos, sobretudo para os descartados pelo mercado global (II,16).

> O futuro da humanidade não está unicamente nas mãos dos grandes dirigentes, das grandes potências e das elites. Está fundamentalmente nas mãos dos povos, na sua capacidade de se organizarem e também nas suas mãos que regem, com humildade e convicção, este processo de mudança. Estou convosco (II,23).

Este protagonismo que Francisco reconhece nos Movimentos Populares é uma posição inovadora na Igreja, que nunca tinha ocorrido na sua história.

---

[7] Cf. PAPA FRANCISCO. *Discurso do Papa Francisco aos Participantes do Encontro Mundial dos Movimentos Populares*. Brasília: CNBB, 2015; Id. *Discurso do Papa Francisco no II Encontro Mundial dos Movimentos Populares*. Brasília: CNBB, 2015; Id. *Discurso do Papa Francisco aos participantes do III Encontro Mundial dos Movimentos Populares*. Brasília: CNBB, 2016. A partir de agora, os números entre parênteses, sem outra indicação, remetem a páginas (1, 2, 3 etc.) dos referidos discursos (I, II, III).

Francisco e a economia

O "projeto-ponte dos povos"
x
o "projeto-muro do dinheiro"

MAURÍCIO ABDALLA*

Introdução

O objetivo deste capítulo é refletir sobre a dimensão econômica dos discursos do Papa Francisco aos participantes dos encontros mundiais dos Movimentos Populares. Antes, porém, é importante fazer um esclarecimento. O autor deste texto é filósofo, não economista. Mas não seria, talvez, mais apropriado que o tema fosse abordado por alguém com formação acadêmica em economia? Ainda que para muitos leitores essa questão possa não ter importância, a resposta a ela nos será útil como introdução conceitual à nossa exposição.

Comecemos por entender, de forma bem resumida, de que tipo de questões trata a filosofia e o que é economia em sentido mais profundo.

Sempre que uma reflexão se dirige ao *ser* de algo, independentemente de quem a proponha ou do campo de estudo

---

* Professor do departamento de Filosofia da Universidade Federal do Espírito Santo (UFES), educador popular e assessor do Centro Nacional de Fé e Política Dom Helder Camara.

a que esse algo pertença, ela se torna uma reflexão filosófica. Uma bióloga, por exemplo, estuda o funcionamento dos seres vivos, as causas de sua evolução, a forma e a interação entre seus componentes, a relação dos organismos com o ambiente em que vivem etc. Todos esses problemas são específicos da biologia, exigem técnicas e métodos adequados de pesquisa, procedimentos experimentais, base teórica e outros conhecimentos especializados que todos os biólogos devem saber manejar. Contudo, quando a bióloga pergunta: *"Mas, o que é a vida, afinal? Qual o seu sentido e sua finalidade?"*, ou propõe outras questões semelhantes, relacionadas ao sentido mais profundo, aos fundamentos, ao significado último, enfim, ao *ser* da realidade que estuda, ela coloca diante de si questões filosóficas, que devem ser tratadas com procedimentos distintos, de caráter mais especulativo e com métodos apropriados.

Um físico, ao estudar o universo, desde as menores partes da matéria até a vastidão do cosmos e sua evolução temporal, auxiliado por suas complicadas equações e seus refinados instrumentos tecnológicos de medida e observação, também pode se perguntar sobre o sentido profundo do cosmos que ele observa, as razões de sua origem, o porquê de sua existência, o seu sentido último, em uma palavra, sobre o seu *ser*. Nesse caso, ele também se coloca questões filosóficas que exigem um tratamento diferenciado e para cuja abordagem não existem observatórios e equações.

Os cientistas dos exemplos citados – na verdade, qualquer pessoa – podem propor questões filosóficas e tentar respondê-las. A filosofia, enquanto saber sistemático e acadêmico, auxilia com a tradição de seus pensadores, métodos, conceitos, princípios etc., que são mantidos e renovados por aqueles que a eles se dedicam no presente. Não é preciso ser formado em filosofia para se colocar essas questões, mas é preciso abordá-las de acordo com as exigências do pensamento filosófico.

Aproximemo-nos, agora, após esses desvios, do tema em questão. Da mesma forma que nos exemplos da bióloga e do físico mencionados, quando perguntamos pela *essência* da sociedade, ou seja, pelo *que é* uma sociedade,[1] ou quando investigamos *o que é* o ser humano, estamos propondo questões filosóficas. O que faz da sociedade uma sociedade? Qual o sentido do social e o significado da sociabilidade etc.? O que fundamenta a humanidade do ser humano? Qual o sentido de nossa existência? O que nos torna e nos mantém humanos etc.?

De modo reverso, essas questões nos levam também à investigação e compreensão daquilo que desfaz a *socialidade* da sociedade e aniquila a *humanidade* do humano. Quais as causas mais profundas dos problemas sociais e humanos? Que ameaças pairam sobre a nossa existência social e sobre a espécie humana?

Como nos exemplos da biologia e da física, as questões filosóficas relacionadas à sociedade e ao ser humano surgem conectadas ao estudo e compreensão das diversas ciências que os abordam e são sempre respondidas utilizando-se dos conhecimentos produzidos por elas. Ou seja, não se faz filosofia sem o auxílio das diversas ciências que estudam os diferentes campos da realidade.

---

[1] Perguntar pelo *ser* é o mesmo que se indagar pela essência. O vocábulo "esse", que forma a palavra essência, significa "ser" em latim.

Porém, as perguntas filosóficas sobre a sociedade e o ser humano, para serem bem respondidas, devem levar-nos às raízes que fundamentam os fenômenos sociais e humanos. A busca pelo ser é uma procura pelas raízes que sustentam a realidade visível, que, como acontece com a maioria das raízes das plantas, encontram-se ocultas, além daquilo que podemos ver e vivenciar de imediato.

Muitas vezes, tenta-se encontrar essas raízes de maneira superficial e opinativa, sem esforço conceitual, como comumente se faz no plano do senso comum. O resultado é a atribuição das causas dos problemas sociais e humanos a fatores abstratos, sem sustentação argumentativa e sem conexão real ou lógica com as questões que se quer enfrentar.

Pode-se atribuir, por exemplo, a causa de todos os problemas que a sociedade e as pessoas hoje vivem à "ausência de Deus no coração". Esse é um tipo de "resposta" que, na verdade, não responde nada e que, no fundo, sequer diz alguma coisa. Milhares de atrocidades foram cometidas na história e ainda o são no presente por pessoas de diversas religiões que se achavam e se acham "cheias de Deus no coração". Quem atesta a "quantidade" de Deus que as pessoas carregam em si? E o que significa ter Deus no coração? Queimar pessoas vivas por acusações de heresia, explodir bombas em lugares públicos, agir com violência física ou simbólica contra homossexuais, apedrejar ou desprezar pessoas de outra religião, praticar a intolerância com quem é ou pensa diferente, bombardear outro país com armas avançadas, expulsar com violência um povo indefeso de seu território e construir assentamentos para quem se acha "povo escolhido de Deus" etc. são exemplos de atos que foram e são praticados por pessoas que acreditaram e acreditam estar com seus "corações cheios de Deus".

Pode-se também seguir na superficialidade, agora de maneira um pouco mais politizada, atribuindo os problemas apenas à falta de vontade ou incompetência dos governantes e parlamentares. Essa resposta pode satisfazer fracamente à questão sobre o porquê dos problemas não serem resolvidos – embora a questão não seja apenas de "vontade" ou "competência" –, mas ela sequer se aproxima de uma explicação sobre suas causas.

Alguns explicam os problemas sociais e humanitários pela índole, competência ou esforço pessoal dos indivíduos. Tudo dependeria de uma mudança nas pessoas. Esse tipo de resposta deixa sem compreensão os motivos pelos quais, no mundo real, tanta gente de boa índole, competente e com espírito trabalhador amarga as maiores dores da pobreza, enquanto há inúmeras pessoas de mau caráter e preguiçosas que vivem no luxo e acumulam riquezas.

Cada uma dessas respostas gera ações de diferentes tipos. Mas, para irmos à raiz dos problemas sociais e humanos e termos uma ação que ataque efetivamente as suas causas, devemos entender a essência da sociedade e do ser humano.

Sabemos que o ser humano só se humaniza em sociedade: nenhum ser humano na história se humanizou sem a vivência social.[2] Isso faz da sociabilidade um elemento essencial do humano. Dado também que não faz sentido falarmos de sociedade sem o ser humano, podemos mesclar os

---

[2] Há diversos relatos de seres humanos que foram criados por animais e cresceram sem nenhuma característica humana. Esses casos reforçam a ideia de que todas as características que nos diferenciam dos demais animais são adquiridas em sociedade.

elementos essenciais da sociedade com os do ser humano e concluirmos que todos os problemas sociais são problemas humanos e que, de modo reverso, todos os problemas humanos estão relacionados, na raiz, com a sua vida em sociedade.

Se continuarmos avançando em direção às raízes mais profundas da sociabilidade humana, encontraremos um fator essencial mais elementar: a necessidade de manutenção da nossa vida biológica e mental. Nenhum ser humano vive sem comer, beber, vestir-se e abrigar-se das intempéries naturais. Alimentar-se, hidratar-se, possuir roupas e moradia são condições primárias para a vida humana, das quais dependem todos os demais fatores relacionados à sua vida social. Pois, como é óbvio, se não há vida humana, não há sociedade.

Ocorre que, no aspecto de manutenção da vida, os humanos possuem uma diferença fundamental com os outros seres vivos. As necessidades básicas de animais e plantas são supridas por seus instintos e pelo que a natureza lhes dispõe. Já os humanos precisam *produzir* os elementos que irão suprir suas necessidades, transformando a natureza a partir de sua própria iniciativa e conhecimento.[3] Ou seja, o ser humano precisa trabalhar para manter o seu ser e, pela sua condição natural, só o faz em sociedade.

Viver em sociedade e produzir os meios para a manutenção da vida são, portanto, duas características essenciais

---

[3] Animais que constroem e transformam a natureza, como o joão-de-barro, as abelhas, os castores etc., o fazem por instinto, não aprendem nem ensinam o seu oficio de transformar a natureza à sua prole. Tampouco refletem sobre ele de maneira a modificá-lo com o tempo e criar uma história. Apenas o ser humano realiza trabalho consciente.

elementares do ser humano. Elas estão na base de seu ser. O ato de produzir em sociedade exige organização e regras para divisão de trabalho e distribuição dos resultados. A maneira de organizar a dimensão produtiva e distributiva da sociedade foi chamada pelos gregos de "normas da casa" (*oikos nomos*), de onde vem a nossa palavra economia.

Portanto, falar de economia é, em primeiro lugar, falar da essência do humano, dos fatores elementares para o seu *ser*. Por isso, economia não é apenas sinônimo de regras do mercado financeiro, de índices de crescimento dos países, de cotação da bolsa de valores etc., nem se refere apenas ao estudo desses elementos, das políticas econômicas adotadas pelos governos, dos problemas e soluções para o desenvolvimento, das fórmulas mais adequadas para investimentos, dos índices de distribuição de renda etc. A palavra se reporta também, em sentido mais amplo e profundo, à dimensão essencial do humano sobre a qual falamos. É nessa perspectiva que ela se torna um tema filosófico.

A dimensão econômica dos pronunciamentos do Papa Francisco aos participantes dos encontros mundiais dos Movimentos Populares será aqui refletida nessa acepção da palavra economia.

I. A raiz econômica dos problemas sociais

Um dos aspectos presentes de maneira repetida e extremamente clara nos três pronunciamentos do Papa Francisco é a identificação da raiz econômica dos problemas sociais. A essencialidade da economia com relação à sociedade e ao ser humano é um dos pontos fundamentais desses discursos. Em nenhum momento o sumo pontífice se enreda em explicações abstratas e superficiais sobre os problemas enfrentados pelas populações, principalmente as dos países periféricos. Seus discursos revelam a preocupação de expor as raízes concretas, essenciais, dos males que atingem a sociedade e que são motivos de organização dos Movimentos Populares de todo o mundo, sem atribuir as causas a elementos de ordem puramente espiritual, religiosa, moral ou de comportamento individual.

O reconhecimento da raiz econômica dos problemas sociais atuais está tão explícito, desde o primeiro discurso e de forma tão cristalina, que dispensa um esforço maior de interpretação ou explicações adicionais, bastando, em grande parte dos casos, apenas citá-los literalmente. Procurei apenas fazer uma sistematização e um recorte para facilitar a sua identificação e entendimento.

Em primeiro lugar, a compreensão da dimensão econômica dos problemas sociais faz o papa rejeitar o sentido assistencialista e individualista do termo solidariedade para concebê-lo com caráter concreto de ação social transformadora, que se dirige à base da organização social:

> Solidariedade [...] é muito mais do que alguns gestos de generosidade esporádicos. É pensar e agir em termos de comunidade, *de prioridades da vida de todos sobre a apropriação dos bens por parte de alguns*. É também lutar contra as *causas estruturais* da pobreza, a desigualdade, a falta de trabalho, a terra e a casa, a negação dos direitos sociais e laborais. É fazer frente aos efeitos destruidores do *império do dinheiro* [...]. A solidariedade, entendida no seu sentido mais profundo, é uma forma de fazer história [...] (I,6).[4]

As "causas estruturais da pobreza", contra as quais o papa nos exorta a lutar, não ficam para ser interpretadas ao bel-

---

[4] Todos os grifos, em todas as citações seguintes, são meus.

-prazer de cada um, de acordo com suas ideologias. Francisco as vincula direta e explicitamente à estrutura econômica da sociedade em diversos momentos de seus três discursos:

> O desemprego juvenil, a informalidade e a falta de direitos laborais não são inevitáveis, são o resultado de uma prévia opção social, *de um sistema econômico que põe os benefícios acima do homem* [...] (I,11).
>
> Nas vossas cartas e nos nossos encontros, relataram-me as múltiplas exclusões e injustiças que sofrem em cada atividade laboral, em cada bairro, em cada território. [...] Mas há um elo invisível que une cada uma destas exclusões [...]. Pergunto-me se somos capazes de reconhecer que estas realidades destrutivas *correspondem a um sistema que se tornou global.* Reconhecemos que *este sistema impôs a lógica do lucro a todo o custo, sem pensar na exclusão social nem na destruição da natureza?* (II,6-7).
>
> Sabemos que "enquanto não forem radicalmente solucionados os problemas dos pobres, renunciando à autonomia absoluta dos mercados e da especulação financeira e atacando as causas estruturais da desigualdade social, não se resolverão os problemas do mundo e, em definitivo, problema algum. A desigualdade é a raiz dos males sociais" (III,19-20).[5]

Ao falar sobre o "elo invisível" que conecta as diversas formas de exclusão, o papa está expondo a essência que dá sentido aos fenômenos, que, caso não seja compreendida, tampouco avançaremos na compreensão das mazelas sociais. Por exemplo, quando aborda o problema dos imigrantes que atingiu a Europa como uma grande crise humanitária, a referência à base econômica da sociedade também aparece:

---

[5] O texto entre aspas é uma citação de Papa Francisco. Exortação apostólica *Evangelii Gaudium* (EG). Brasília: CNBB, 2014, n. 202. (Documentos Pontifícios 22.)

[...] pude sentir de perto o sofrimento de numerosas famílias expulsas da sua terra *por motivos ligados à economia* ou por violências de todos os tipos, multidões exiladas [...] *por causa de um sistema socioeconômico injusto* e das guerras que não foram procuradas nem criadas por aqueles que hoje padecem a dolorosa erradicação da sua pátria [...] (III,15).

II. A condenação profética ao sistema capitalista

Uma vez identificada a raiz econômica dos problemas que tantos sofrimentos trazem ao povo de Deus, principalmente aos mais pobres, Francisco ergue sua voz profética denunciando e descrevendo, sem rodeios, o sistema vigente no mundo atual. Em seus discursos não figura uma economia abstrata, que pode ser identificada com qualquer sistema econômico, mas a descrição crua do sistema capitalista.

Pode-se imaginar que a condenação não é ao capitalismo em si, mas a uma possível distorção do sistema que pode ser reparada sem a sua rejeição. No entanto, uma análise mais atenta não permite essa interpretação. Quando se refere ao sistema, o papa diz: "um sistema econômico que põe os benefícios acima do homem"; "este sistema impôs a lógica do lucro a todo o custo, sem pensar na exclusão social nem na destruição da natureza"; "um sistema socioeconômico injusto"... Tais descrições se encaixam no que foi o capitalismo em toda sua história e não são específicas para algum momento em que ele pudesse ter-se degenerado. Além disso, se sua preocupação fosse realmente com uma possível distorção do sistema, ele certamente se referiria a ela e não, como está presente de maneira repetida em seus discursos, ao próprio "sistema socioeconômico". Ele sempre diz "*um* sistema", "*este* sistema", mas nunca "*esta versão* do sistema", "*este momento específico* do sistema" etc.

A condenação do papa ao sistema capitalista não decorre de um mero posicionamento ideológico nem é feita por questão de preferência política ou filiação a algum movimento ou ideia social. Ela aparece com a clareza da fala do profeta que, diante das situações de injustiça e do sofrimento do povo, não faz discursos genéricos ou diplomáticos. Sendo oriundo da periferia do mundo, que viveu próximo às populações sofridas, humilhadas e excluídas, Francisco faz suas as dores do povo – como nos orienta a *Gaudium et Spes*, do Concílio Vaticano II. Reconhecendo criticamente as causas essenciais que provocam essas dores, não há por que ocultá-las por medo de ser lançado na vala comum das disputas ideológicas que sobreviveram da Guerra Fria: na raiz está o sistema socioeconômico vigente e ele não é outro que não o capitalismo.

Não é, portanto, a condenação de um sistema em favor de outro existente ou passado, como forma de manifestar uma preferência ou simpatia pessoal. Sua motivação, revela o próprio pontífice, é a mesma dos profetas, de seus predecessores no pontificado e de toda a doutrina social da Igreja:

Há quase cem anos, Pio XI previu a imposição de uma ditadura global da economia, à qual ele chamou "imperialismo internacional do dinheiro". Refiro-me ao ano de 1931! [...] E foi Paulo VI que denunciou, há quase cinquenta anos, a "nova forma abusiva de domínio econômico nos planos social, cultural e até político" [...] São palavras duras, mas justas dos meus predecessores que perscrutaram o futuro. A Igreja e os profetas dizem há milênios aquilo que tanto escandaliza que o papa repita neste tempo, no qual tudo isto alcança expressões inéditas. *Toda a doutrina social da Igreja e o magistério dos meus predecessores estão revoltados contra o ídolo dinheiro*, que reina em vez de servir, tiraniza e aterroriza a humanidade (III,10).

O Papa Francisco não se refere à idolatria do dinheiro como um mal moral individual, um desvio de caráter relacionado à índole das pessoas, mas como um mal do próprio sistema. A economia – componente mais elementar da essência humana, como vimos na introdução – degenerou-se quando o sistema colocou o dinheiro (o capital) acima da vida e da dignidade humana. O culto do mercado tem o dinheiro como divindade e essa idolatria tem consequências na vida dos povos e da natureza:

> Isto acontece quando *no centro de um sistema econômico está o "deus dinheiro" e não o homem, a pessoa humana*. Sim, no centro de cada sistema social ou econômico deve estar a pessoa, imagem de Deus, criada para que seja o denominador do universo. Quando a pessoa é deslocada e chega o "deus dinheiro", dá-se esta inversão de valores (I, 11).
>
> *Um sistema econômico centrado no "deus dinheiro"* tem também necessidade de saquear a natureza, saquear a natureza para manter o ritmo frenético de consumo que lhe é próprio (I,15).
>
> Por que nos habituamos a ver como se destrói o trabalho digno, se despejam tantas famílias, se afastam os camponeses, se faz guerra e se abusa da natureza? *Porque neste sistema o homem, a pessoa humana foi deslocada do centro e substituída por outra coisa. Porque se presta um culto idolátrico ao dinheiro* (I,16)

Por sentir a dor dos povos e compreender o clamor da natureza que exige cuidados (conforme expresso na encíclica *Laudato si*), Francisco não mede palavras para condenar o sistema fundado no capital:

Estão castigando a terra, os povos e as pessoas de forma quase selvagem. E por trás de tanto sofrimento, tanta morte e destruição, sente-se o cheiro daquilo que Basílio de Cesareia chamava "o esterco do diabo": reina a ambição desenfreada por dinheiro. O serviço ao bem comum fica em segundo plano. *Quando o capital se torna um ídolo e dirige as opções dos seres humanos, quando a avidez pelo dinheiro domina todo o sistema socioeconômico,* arruína a sociedade, condena o homem, transforma-o em escravo, destrói a fraternidade inter-humana, faz lutar povo contra povo e até, como vemos, põe em risco nossa casa comum (II,8).

Os males causados pelo capitalismo no mundo são tão graves que o papa, ao falar sobre o terrorismo, preferiu atribuir o adjetivo "terrorista" ao sistema, contrastando sua posição aos discursos dos chefes de Estado dos países ricos e da mídia em geral, que sempre o vincula a grupos étnicos ou religiosos. Para Francisco:

Existe [...] um terrorismo de base que *provém do controle global do dinheiro na terra,* ameaçando a humanidade inteira. É deste terrorismo de base que se alimentam os terrorismos derivados, como o narcoterrorismo, o terrorismo de Estado e aquele que alguns erroneamente chamam terrorismo étnico ou religioso. Mas nenhum povo, nenhuma religião é terrorista! É verdade, existem pequenos grupos fundamentalistas em toda a parte. Mas o terrorismo começa quando "se expulsa a maravilha da criação, o homem e a mulher, colocando no seu lugar o dinheiro". *Este sistema é terrorista* (III,9-10).

Repetidas vezes em seus três discursos, o papa faz questão de conectar problemas como a violência, a fome, a criminalidade, as guerras, o medo, a desigualdade, as diferenças entre os países ricos e pobres, a destruição da natureza, o abandono de crianças, jovens e idosos etc., ao sistema econômico que tem como centro o capital, o "dinheiro divinizado". Vale a pena reproduzir diversos trechos de seus pronunciamentos que se referem a essa conexão:

[...] Quem governa? O dinheiro. Como governa? Com o chicote do medo, da desigualdade, da violência financeira, social, cultural e militar que gera cada vez mais violência em uma espiral descendente que parece infinita. Quanta dor e quanto medo! (III,9).

Quando a especulação financeira condiciona o preço dos alimentos tratando-os como uma mercadoria qualquer, milhões de pessoas sofrem e morrem de fome (I,8).

Descarte de crianças, descarte de idosos, que não produzem [...], descarte de jovens, para poder manter e reequilibrar um sistema no qual no centro está o "deus dinheiro" e não a pessoa humana (I,13).

[...] Ainda subsistem fatores que atentam contra este desenvolvimento humano equitativo e restringem a soberania dos países da "Pátria Grande" e de outras latitudes do planeta. O novo colonialismo assume variadas fisionomias. Às vezes, é o poder anônimo do ídolo dinheiro: corporações, credores, alguns tratados denominados "de livre-comércio" e a imposição de medidas de "austeridade" que sempre apertam o cinto dos trabalhadores e dos pobres (II,18-19).

O colonialismo, novo e velho, que reduz os países pobres a meros fornecedores de matérias-primas e mão de obra barata, gera violência, miséria, migrações forçadas e todos os males que vêm juntos, precisamente porque, ao pôr a periferia em função do centro, nega-lhes o direito a um desenvolvimento integral. Isto é desigualdade, e a desigualdade gera violência que nenhum recurso policial, militar ou dos serviços secretos será capaz de deter (II,20).

Há sistemas econômicos que, para sobreviver, devem fazer a guerra. Então fabricam-se e vendem-se armas e assim os balanços das economias que sacrificam o homem aos pés do ídolo do dinheiro obviamente estão salvos (I,15).

Existe um sistema [...] que, apesar de acelerar irresponsavelmente os ritmos da produção, apesar de implementar métodos na indústria e na agricultura que sacrificam a Mãe Terra na área da "produtividade", continua a negar a milhões de irmãos os mais elementares direitos econômicos, sociais e culturais. Este sistema vai contra o projeto de Jesus (II,15-16).

III. A necessidade de outro sistema econômico

Em nenhum dos três discursos do Papa Francisco, pode-se encontrar alguma perspectiva de "melhorar" o sistema econômico existente, ou seja, de consertar o capitalismo. Afinal, conforme a última citação: "este sistema vai contra o projeto de Jesus". Por isso, é preciso negá-lo, em nome da nossa fé, dos povos da terra e da natureza. É o próprio sistema capitalista que não serve mais e, por isso, é preciso rejeitá-lo com veemência:

Os seres humanos e a natureza não devem estar a serviço do dinheiro. *Digamos "não" a uma economia de exclusão e desigualdade,* na qual o dinheiro reina em vez de servir. Esta economia mata. *Esta economia exclui. Esta economia destrói a Mãe Terra* (II,14).

[...] Digamos sem medo: queremos uma mudança, uma mudança real, *uma mudança de estruturas. Este sistema é insuportável*: não o suportam os camponeses, não o suportam os trabalhadores, não o suportam as comunidades, não o suportam os povos... Sequer o suporta a terra, a irmã Mãe Terra, como dizia São Francisco (II,7).

Os limites do capitalismo para atender às exigências da justiça e do desenvolvimento integral do ser humano e da natureza foram expressos pelo papa da seguinte maneira:

Este sistema atrofiado é capaz de fornecer algumas "próteses" cosméticas que não constituem verdadeiros desenvolvimentos: crescimento da economia, progressos tecnológicos, maior "eficiência" para produzir coisas que se compram, se usam e se abandonam, englobando-nos todos em uma vertiginosa dinâmica do descarte...

Mas este mundo não permite o desenvolvimento do ser humano na sua totalidade, o desenvolvimento que não se reduz ao consumo, que não se limita ao bem-estar de poucos, que inclui todos os povos e as pessoas na plenitude da sua dignidade, desfrutando fraternalmente da maravilha da criação. Este é o desenvolvimento do qual nós temos necessidade: humano, integral, respeitador da criação, desta casa comum (III,14).

Por isso, a necessidade de um novo sistema econômico: "[...] Este sistema já não funciona. Devemos mudá-lo, devemos voltar a pôr a dignidade humana no centro e sobre aquele pilar devem ser construídas *as estruturas sociais alternativas das quais precisamos* (I,16)".

Mas a que novo sistema se refere o pontífice? Quais os elementos fundamentais para se construir as "estruturas sociais alternativas?

O que se depreende dos discursos aos Movimentos Populares é que Francisco acredita na capacidade do povo organizado para criar, a partir do local, experiências que se possam tornar globais:

> Hoje estais procurando a síntese entre o local e o global. Sei que estais comprometidos todos os dias em coisas próximas, concretas, no vosso território, no vosso bairro, no vosso lugar de trabalho: convido-vos também a continuar a procurar esta perspectiva mais ampla; que os vossos sonhos voem alto e abracem o todo! (I,17).

A alternativa não vem da opção por alguma experiência já existente, mas da luta dos excluídos contra o sistema globalizado, que deve dar um salto das reivindicações e ações localizadas para a construção de uma base econômica global que supere o sistema atual: "É imprescindível que, a par da reivindicação dos seus legítimos direitos, os povos e as suas organizações sociais construam uma alternativa humana à globalização exclusiva" (II,12).

No discurso aos participantes do segundo Encontro Mundial dos Movimentos Populares, o papa dá especial atenção à economia, colocando como tarefa primeira na construção de uma nova sociedade "pôr a economia a serviço dos povos". Vale a pena citar textualmente a passagem sobre a economia, pois dificilmente se poderia falar de forma mais clara e direta:

> A economia não deveria ser um mecanismo de acumulação, mas a condigna administração da casa comum. Isto implica cuidar zelosamente da casa e distribuir adequadamente os bens entre todos [...]
> Uma economia verdadeiramente comunitária – poder-se-ia dizer, uma economia de inspiração cristã – deve garantir aos povos dignidade, "prosperidade e civilização em seus múltiplos aspectos" [...]
> É uma economia na qual o ser humano, em harmonia com a natureza, estrutura todo o sistema de produção e distribuição, de tal modo que as capacidades e necessidades de cada um encontrem um apoio adequado no ser social. Vós – e outros povos também – resumis este anseio de uma maneira simples e bela: "viver bem".[6]
> Esta economia é não apenas desejável e necessária, mas também possível. Não é uma utopia nem uma fantasia. É uma perspectiva extremamente realista. Podemos consegui-la. Os recursos disponíveis no mundo, fruto do trabalho intergeracional dos povos e dos dons da criação, são mais que suficientes para o desenvolvimento integral de "todos os homens e do homem todo" (II,14-15).

---

[6] O papa aqui se refere à ideia do "bem viver" dos povos andinos (o segundo encontro aconteceu na Bolívia).

Ao contrário da economia capitalista, baseada na propriedade privada, na acumulação do capital e na exploração do trabalho, o ideal cristão de economia anunciado pelo papa (a "economia de inspiração cristã") precisa basear-se na posse comum dos bens e na centralidade do ser humano. Isso não é ideia que se tenha originado em teóricos socialistas, mas na própria doutrina social da Igreja: "O destino universal dos bens não é um adorno retórico da doutrina social da Igreja. É uma realidade anterior à propriedade privada. A propriedade, sobretudo quando afeta os recursos naturais, deve estar sempre em função das necessidades das pessoas" (II,16).

As experiências já existentes localmente, e que se articulam em redes cada vez mais abrangentes, apontam para a solidariedade e a cooperação como eixos fundamentadores de uma nova economia global, em substituição à economia do mercado idolatrado. Francisco vê a possibilidade (na verdade, a *necessidade* urgente) dessas experiências se tornarem globais, articularem-se em um projeto amplo e que se constitua em um novo sistema:

> Conheci de perto várias experiências, nas quais os trabalhadores, unidos em cooperativas e outras formas de organização comunitária, conseguiram criar trabalho onde só havia sobras da economia idólatra. As empresas recuperadas, as feiras livres e as cooperativas de catadores de papelão são exemplos desta economia popular que surge da exclusão e que pouco a pouco, com esforço e paciência, adota formas solidárias que a dignificam. Quão diferente é isto do fato de os descartados pelo mercado formal serem explorados como escravos! (II,16-17).

Na população excluída organizada, que busca alternativas de sobrevivência, o papa enxerga um projeto de grandes dimensões futuras, comparáveis aos feitos de Jesus:

Às vezes, penso que, quando vós, pobres organizados, inventais o vosso trabalho, criando uma cooperativa, recuperando uma fábrica falida, reciclando os descartes da sociedade consumista, enfrentando a inclemência do tempo para vender em uma praça, reivindicando um pequeno pedaço de terra para cultivar e alimentar quem tem fome, quando fazeis isto imitais Jesus, porque procurais curar, mesmo que seja só um pouco e de modo precário, esta atrofia do sistema socioeconômico imperante que é o desemprego (III,13).

Tal projeto não pode satisfazer-se em ser apenas um conjunto de experiências de "comunidades alternativas" isoladas, mas deve ser abraçado pelo poder público como programa de governo para toda a sociedade, o que dá um caráter também político à necessidade de construção de uma nova economia:

Os governos que assumem como própria a tarefa de colocar a economia a serviço das pessoas devem promover o fortalecimento, a melhoria, a coordenação e a expansão destas formas de economia popular e produção comunitária. Isto implica melhorar os processos de trabalho, prover de adequadas infraestruturas e garantir plenos direitos aos trabalhadores deste setor alternativo. Quando Estado e organizações sociais assumem juntos a missão dos "3 T",[7] ativam-se os princípios de solidariedade e subsidiariedade que permitem construir o bem comum numa democracia plena e participativa (II,17).

É assim, na força dos Movimentos Populares contra a economia do capital, na luta diária dos trabalhadores e excluídos do sistema para não apenas sobreviver, mas criar alternativas sustentáveis para a economia de morte, que Fran-

---

[7] Os "3 Ts" a que se refere o papa, que se tornaram palavras de ordem de seus discursos aos Movimentos Populares são "terra, teto e trabalho".

cisco vê, desde seu olhar profético, fincado na periferia do mundo e em perfeita sintonia com os profetas, com Jesus e a doutrina social da Igreja, a construção de "Um projeto-ponte dos povos diante do projeto-muro do dinheiro" (III,14).

"Vós sois semeadores de esperança"

Três mensagens de Francisco a pessoas e coletivos de Movimentos Populares

CARLOS RODRIGUES BRANDÃO*

> "Vós sois poetas sociais: criadores de trabalho,
> construtores de casas, produtores de alimentos,
> sobretudo para os descartados
> pelo mercado global" (II,16).

I. Uma cena três vezes repetida

Antes de dialogarmos sobre o que Francisco, o papa, disse em três momentos a algumas pessoas e a coletivos de movimentos sociais populares, creio ser importante rememorar as cenas em que isso terá por três vezes acontecido.

Em nenhuma delas tratava-se de um papa falando da janela a uma grande multidão reunida na Praça de São Pedro. Não se tratava de uma encíclica papal dirigida a toda a humanidade, e podemos imaginar que tudo terá acontecido três vezes entre pequenos encontros face a face. E o que foi ouvido e dito terá sido com "olhos nos olhos". E eu disse "ouvido" porque através das palavras de Francisco podemos

---

* Licenciado em Psicologia pela Pontifícia Universidade Católica do Rio de Janeiro (PUC-RJ), mestre em Antropologia Social e doutor em Ciências Sociais; pró-reitor de Pós-graduação, pesquisa e ação comunitária da Universidade de Uberaba, Minas Gerais.

supor que em mais de uma ocasião ele terá antes ouvido o que outros teriam a lhe dizer para depois dizer a outros a sua mensagem.

As palavras de amoroso afeto com que Francisco inicia e encerra cada uma de suas mensagens haverão de ser o melhor testemunho de um clima entre pessoas que se igualam entre as suas diferenças, mais do que entre uma autoridade que desde o seu desigual poder fala a quem ouve para em silêncio obedecer.

> De novo, bom dia!
> Sinto-me feliz por estar convosco, e faço-vos uma confidência: é a primeira vez que desço aqui, nunca tinha vindo neste lugar. Como dizia, sinto grande alegria e dou-vos as calorosas boas-vindas (I,5).
>
> Agradeço-vos de novo o vosso trabalho, a vossa presença. Desejo pedir a Deus, nosso Pai, que vos acompanhe e vos abençoe, que vos encha do seu amor e vos defenda no caminho vos dando em abundância a força que nos mantém em pé e nos dá a coragem para cortar a cadeia do ódio: essa força é a esperança. Peço-vos, por favor, que rezeis por mim e, aos que não podem rezar, peço, pensai bem de mim e mandai-me boas energias. Obrigado! (III,23)

II. O mundo em que vivemos é hoje desumano – é urgente que ele seja transformado –, se há alguma esperança, ela está em vós

Estamos diante de três pronunciamentos de Francisco, o papa, em três anos seguidos: 2014, 2015 e 2016, e dirigidos todos eles a pessoas e a coletivos de movimentos sociais populares.

Em cada um deles Francisco repetirá com insistência três palavras fundadoras de sua mensagem: *terra, teto e trabalho.*

Ainda em três momentos ele irá sintetizar a súmula da tarefa humana, social e popular, destinada a recriar uma sociedade fraterna e a reconstruir a harmonia entre os seres humanos e a vida no Planeta Terra:

– pôr a economia a serviço dos povos;
– construir a paz e a justiça;
– defender a Mãe Terra.

Também em três momentos podemos resumir o seu desafiador pensamento:

1º) O sistema-mundo atual é inumano, insuportável e intolerável. Ele serve ao "deus-dinheiro" e, portanto, é imposto, opressivo e excludente. Mais do que inumano, ele é radicalmente desumano e desumanizador.

2º) Tal sistema vigente em e entre as sociedades e em toda a humanidade não deve ser apenas aprimorado, melhorado ou regulado. É indispensável e urgente que ele seja mudado, transformado. E uma tal mudança em nosso modo de pensar o mundo em que vivemos e de agir nele, com ele e sobre ele, deverá ser a raiz de nossos sentimentos, nossos pensamentos, nossas intenções e nossas ações espirituais, éticas e políticas.

3º) As mudanças e as transformações humanizadoras de povos, sociedades e da humanidade não são tarefas restritas aos senhores do poder – justamente aqueles que na imensa maioria das ocasiões não estão dispostos a agir para transformar. Em cada cenário de nossas vidas, elas são a vocação e a missão de pessoas individualmente tomadas, assim como de coletivos, como e singularmente os Movimentos Populares.

Desdobremos o teor das três mensagens de Francisco aos Movimentos Populares seguindo o curso de suas próprias palavras. Elas começam por uma crítica assertiva a um sistema globalizado de gestão da economia, da sociedade e da cultura, que Francisco evita denominar como "capitalismo neoliberal", mas que nas descrições de suas palavras fica claramente enunciado. Em segundo lugar, elas prosseguem reforçando a crença de que tal sistema hegemônico, sendo essencialmente inaceitável, não deve ser aprimorado de acordo com seus próprios termos e interesses. Em terceiro lugar, elas enfatizam que ele deve, em todas as suas dimensões, ser "mudado" e radicalmente transformado. Em quarto lugar, elas insistem em que as transformações humanizadoras do sistema-mundo não devem ser tarefas assumidas, segundo os seus interesses, por agentes reguladores da gestão do próprio sistema. Ao contrário, elas somente podem ser realizadas em sua verdadeira vocação quando associam poderes de Estado de fato motivados a elas, com coletivos sociais, como os Movimentos Populares. Em quinto lugar, elas reforçam a crença de que alguns valores humanos essenciais devem ser diretrizes de tais ações de mudança. Francisco as sintetiza na trilogia: *terra, trabalho, teto*. E elas vão da instauração de um mundo solidário entre os seres humanos até uma vocação de afetuosa salvaguarda da vida e da natureza do Planeta Terra. Em sexto lugar, finalmente, elas testemunham que, sendo ético-políticas, as ações de mudança a que os Movimentos Populares são chamados, em sua radicalidade de propósitos e em seu horizonte de justiça, não devem implicar a violência e a revanche. Ao contrário, em tudo e em todos os momentos o primado do amor deve estar no começo do primeiro passo e no término do último. O testemunho de Jesus deve ser o mais presente exemplo de todo o acontecer de um trabalho pessoal e coletivo entre intenções e ações transformadoras.

Sigamos os seus passos.

III. A crítica de um mundo desumano

Entre as encíclicas e mensagens anteriores e os três pronunciamentos do Papa Francisco aos Movimentos Populares há uma diferença essencial. Sabemos que, desde antigas mensagens universais da Igreja Católica, como a *Rerum Novarum*, a crítica ao mundo regido pelo capital foi sempre objeto de uma reflexão crítica. Centrada no valor-pessoa, toda a mensagem social da Igreja esteve sempre centrada no suposto de que a propriedade é antes social do que privada, e responde mais ao bem comum do que ao interesse financeiro. Por outro lado, ainda que seja defendida uma possível harmonia entre capital e trabalho, é este segundo polo aquele que deveria regular relações e interesses.

As mensagens de Francisco dão um passo adiante. Um sistema econômico, político e social, antes apenas injusto e progressivamente corrigível e humanizável, torna-se uma realidade geradora não apenas de "injustiças sociais" a serem superadas, mas de estruturas e intenções proposital e irremediavelmente opressoras.

O sistema centrado no culto do "deus dinheiro" não é apenas um mal relativo. Ele é todo um sistema perverso e se nutre de sua perversidade. Sem meias-palavras, Francisco atribui ao sistema econômico vigente e hegemônico o poder de sistemática e progressivamente arruinar a vida social, submeter seres humanos a uma nova condição de escravidão, corromper valores de partilha e solidariedade entre as pessoas, e semear o medo, a indiferença e o descaso.

> Quando o capital se torna um ídolo e dirige as opções dos seres humanos, quando a avidez pelo dinheiro domina todo o sistema socioeconômico, arruína a sociedade, condena o homem, trans-

forma-o em escravo, destrói a fraternidade inter-humana, faz lutar povo contra povo e até, como vemos, põe em risco nossa casa comum (II,8).

O sistema financeiro vigente opera nos tempos atuais não apenas através da opressão daqueles que ele incorpora ao seu fluxo. Ele realiza também uma progressiva exclusão daqueles que aos seus olhos "não contam": os que não produzem os bens que valem como mercadorias, e os que não consomem na medida desejada as mercadorias que valem como um estatuto de inclusão no sistema. Estaremos chegando a um ponto em que seres humanos não produzem mercadorias. São eles agora, frente ao poder e à ganância idolátrica do capital, a própria mercadoria ao mesmo tempo indispensável e descartável do sistema. O centro da mensagem é este: o culto capitalista do "deus dinheiro" inverte as relações atribuindo à pessoa humana a vocação de coisa, objeto, mercadoria, e dando a coisas que valem dinheiro o estatuto de pretensos sujeitos do sistema. Eis um cenário em que ameaçam cessar as relações entre pessoas através das coisas, em favor de relações entre as coisas através das pessoas.

> Hoje, ao fenômeno da exploração e da opressão soma-se uma nova dimensão, um aspecto gráfico e duro da injustiça social; os que não se podem integrar, os excluídos, são descartados, "a demasia". Esta é a cultura do descarte, e sobre este ponto gostaria de acrescentar algo que não tenho aqui escrito, mas que me veio agora à mente. Isto acontece quando no centro de um sistema econômico está o "deus dinheiro" e não o homem, a pessoa humana. Sim, no centro de cada sistema social ou econômico deve estar a pessoa, imagem de Deus, criada para que seja o denominador do universo. Quando a pessoa é deslocada e chega o "deus dinheiro", dá-se esta inversão de valores (I,11).

Porque neste sistema o homem, a pessoa humana foi deslocada do centro e substituída por outra coisa. Porque se presta um culto idolátrico ao dinheiro. Porque se globalizou a indiferença! A indiferença foi globalizada: que me importa o que acontece aos outros para defender o que é meu? Porque o mundo se esqueceu de Deus, que é Pai; tornou-se órfão, porque pôs Deus de lado (I,16).

O medo é alimentado, manipulado... Porque, além de ser um bom negócio para os comerciantes de armas e de morte, o medo debilita-nos, desestabiliza-nos, destrói as nossas defesas psicológicas e espirituais, anestesia-nos diante do sofrimento do próximo e no final torna-nos cruéis. Quando sentimos que se festeja a morte de um jovem que talvez tenha errado o caminho, quando vemos que se prefere a guerra à paz, quando vemos que se propaga a xenofobia, quando constatamos que propostas intolerantes ganham terreno; por detrás de tal crueldade, que parece massificar-se, sopra o frio vento do medo (III,11).

Como um novo apelo, reconhecidamente ausente ou pouco enfático em pronunciamentos antecedentes da Igreja, Francisco relembra e acentua uma ameaça antiga, mas somente agora tornada um clamor universal. O sistema-mundo não ameaça apenas a felicidade humana através da exploração do trabalho e da marginalização de quem não trabalha. Ele é, em nome da ganância de poucos e da acumulação desmedida dos empresários do poder, uma ameaça potencialmente irreversível ao equilíbrio da natureza e à qualidade de existência dos seres vivos no Planeta Terra. Assim, em direção oposta aos apelos do mundo dos negócios em favor de "projetos de sustentabilidade", Francisco coloca a responsabilidade pelo que acontece sobre quem de fato está gerando e multiplicando as ameaças à vida. O capital não apenas ameaça de forma contornável a natureza. Ele a saqueia em nome de seus interesses e jamais a favor do bem comum.

Um sistema econômico centrado no "deus dinheiro" tem também necessidade de saquear a natureza, saquear a natureza para manter o ritmo frenético de consumo que lhe é próprio. A mudança climática, a perda da biodiversidade, a desflorestação já estão mostrando os seus efeitos devastadores nas grandes catástrofes às quais assistimos, e quem mais sofre sois vós, os humildes, vós que viveis nas zonas litorâneas em habitações precárias ou que sois tão vulneráveis economicamente que perdeis tudo em um desastre natural (I,15).

A monopolização de terras, a desflorestação, a apropriação da água, os pesticidas inadequados, são alguns dos males que arrancam o homem da sua terra natal. Esta dolorosa separação não é só física, mas também existencial e espiritual, porque existe uma relação com a terra que está a pôr a comunidade rural e o seu peculiar estilo de vida em decadência evidente e até em risco de extinção (I,8).

IV. Em nome da vida, transformar o sistema

Uma outra inversão, ao mesmo tempo esperada e surpreendente, é estabelecida em uma passagem do depoimento de novembro de 2016. O terrorismo, que com tanta frequência aparece em nossas telas, não está situado (ou não está apenas) em meio a grupos extremistas, tal como a mídia com frequência noticia. Ele está, antes, ancorado em um sistema estabelecido de poder, ante o qual Francisco recorda que a Igreja, mesmo antes dele, sempre se colocou. E se colocou "revoltada". Terrorista é também, ou é essencialmente, a tirania consolidada de um sistema de poder que na mesma medida em que se apropria dos bens da terra e do trabalho humano, se esforça por invadir e colonizar as nossas culturas, as nossas mentes e os nossos afetos. Não sem razões o papa irá denunciar em vários momentos uma "cultura do medo", gerada não nas favelas do Rio de Janeiro, mas em algumas ruas de Nova York.

Toda a doutrina social da Igreja e o magistério dos meus predecessores estão revoltados contra o ídolo dinheiro, que reina em vez de servir, tiraniza e aterroriza a humanidade. Nenhuma tirania se sustenta sem explorar os nossos medos. Esta é uma chave! Por isso, cada tirania é terrorista (III,10).

Um sistema que esquece Deus, desqualifica a pessoa humana e elege o ídolo-dinheiro como objeto de seu culto, não pode nem deve ser apenas melhorado. Ele deve ser modificado, transformado. Francisco poderia haver se lembrado do lema dos Fóruns Sociais Mundiais: "um outro mundo é possível". Há uma tarefa comum para o ativista cristão? Sim! A mudança, a transformação. Um trabalho inadiável que, começando no ser de cada pessoa e sua vida, atravesse o bairro, a comunidade e a nação e atinja "o mundo inteiro". E se, de um ponto de vista social, veremos adiante que ela é uma ação política, desde uma vocação religiosa e cristã, ela não é menos do que uma "mudança redentora".

Este sistema é insuportável: não o suportam os camponeses, não o suportam os trabalhadores, não o suportam as comunidades, não o suportam os povos... Sequer o suporta a terra, a irmã Mãe Terra, como dizia São Francisco.

Queremos uma mudança nas nossas vidas, nos nossos bairros, nos nossos vilarejos, na nossa realidade mais próxima; mas uma mudança que toque também o mundo inteiro, porque hoje a interdependência global requer respostas globais para os problemas locais. A globalização da esperança, que nasce dos povos e cresce entre os pobres, deve substituir esta globalização da exclusão e da indiferença.

Hoje, quero refletir convosco sobre a mudança que queremos e precisamos. Como sabem, recentemente escrevi sobre os problemas da mudança climática. Mas, desta vez, quero falar de uma mudança em outro sentido. Uma mudança positiva, uma mudança que nos faça bem, uma mudança – poderíamos dizer – redentora. Porque é dela que precisamos. Sei que buscais uma mudança e não apenas vós: nos diferentes encontros, nas várias viagens, verifiquei que há uma expectativa, uma busca forte, um anseio de mudança em todos os povos do mundo. Mesmo dentro da minoria cada vez mais reduzida que pensa sair beneficiada deste sistema, reina a insatisfação e sobretudo a tristeza. Muitos esperam uma mudança que os liberte desta tristeza individualista que escraviza (II,7-8).

Comecemos por reconhecer que precisamos de uma mudança. Quer esclarecer, para que não haja mal-entendidos, que falo dos problemas comuns de todos os latino-americanos e, em geral, de toda a humanidade. Problemas que têm uma matriz global e que atualmente nenhum Estado pode resolver por si mesmo. Feito este esclarecimento, proponho que recoloquemos estas perguntas: Reconhecemos que as coisas não andam bem num mundo onde há tantos camponeses sem terra, tantas famílias sem teto, tantos trabalhadores sem direitos, tantas pessoas feridas na sua dignidade? Reconhecemos que as coisas não andam bem, quando explodem tantas guerras sem sentido e a violência fratricida se apodera até dos nossos bairros? Reconhecemos que as coisas não andam bem, quando o solo, a água, o ar e todos os seres da criação estão sob ameaça constante? Então digamos sem medo: precisamos e queremos uma mudança! (II,6).

"Assistencialismo", "filantropia", "ajuda aos necessitados", "melhoria do nível de vida", "incremento da economia", "melhor distribuição da renda", "qualidade de vida" (oposta a uma "vida de qualidade"), essas e outras palavras e fórmulas com que o sistema vigente planeja (quando planeja) ou promete o que costuma ser vagamente enunciado como "justiça social", são expressões que os documentos de Francisco irão negar pela raiz. A verdadeira justiça social não é socialmente "justa"; ela precisa ser "justiceira". Não se trata de ofertar ao povo o que lhe falta e sobra nas mãos dos ricos.

Trata-se de devolver ao que trabalha o que foi secularmente expropriado pelos que concentram o poder que estabelece como a "ordem" da sociedade deve ser pensada, imposta e desigualmente praticada. Não se trata de "assistir", mas de "incluir". Não se trata de "melhorar", mas de "mudar".

> A justa distribuição dos frutos da terra e do trabalho humano não é mera filantropia. É um dever moral. Para os cristãos, o encargo é ainda mais forte: é um mandamento. Trata-se de devolver aos pobres e às pessoas o que lhes pertence. O destino universal dos bens não é um adorno retórico da doutrina social da Igreja. É uma realidade anterior à propriedade privada. A propriedade, sobretudo quando afeta os recursos naturais, deve estar sempre em função das necessidades das pessoas. E estas necessidades não se limitam ao consumo. Não basta deixar cair algumas gotas, quando os pobres agitam este copo que, por si só, nunca derrama. Os planos de assistência que atendem a certas emergências deveriam ser pensados apenas como respostas transitórias. Nunca poderão substituir a verdadeira inclusão: a inclusão que dá o trabalho digno, livre, criativo, participativo e solidário (II,16).

V. Transformar a vida, a sociedade e o mundo é a vocação do cristão e das pessoas de boa vontade através dos Movimentos Populares

A dignidade da vida humana, a vocação à felicidade, à comunhão e à realização plena de uma existência tal como vivida por uma mulher ou um homem do povo, esses são os apelos fundadores da mensagem evangélica, quando eles são pensados e vividos nos tempos e nos termos de agora. Francisco os sintetiza em três palavras que buscam tornar o mais concreta possível a sua mensagem: *terra, casa e traba-*

lho, como a expressão de uma materialidade mínima e indispensável à construção solidária de um mundo redimido.

Este nosso encontro responde a um anseio muito concreto, a algo que qualquer pai, qualquer mãe quer para os próprios filhos; um anseio que deveria estar ao alcance de todos, mas que hoje vemos com tristeza cada vez mais distante da maioria das pessoas: *terra, casa e trabalho*. É estranho, mas, se falo disto para alguns, o papa é comunista. Não se compreende que o amor pelos pobres está no centro do Evangelho. *Terra, casa e trabalho*, aquilo pelo que lutais, são direitos sagrados. Exigi-lo não é estranho, é a doutrina social da Igreja. Medito sobre cada um deles, porque os escolhestes como palavras de ordem para este encontro (I,7-8).

Um poder de Estado voltado com firmeza e coerência a uma aliança com setores ativos e solidários da sociedade civil pode ser um parceiro do povo no processo de mudanças sociais. Mas, livres das promessas enganadoras do mundo dos negócios e independentes diante dos apelos de políticos, é "de todos os homens e mulheres de boa vontade" a missão de mudar o que pode ser transformado e estabelecer aqui na terra um outro sistema local, nacional e mesmo planetário de vida. O "chamado" é universal. Mas é dirigido à universalidade dos que se sentem vocacionados a se voltarem contra as estruturas do sistema em nome da Pessoa Humana e da Vida na Terra.

Não podem permanecer só nas mãos dos dirigentes políticos. Todos os povos da terra, todos os homens e mulheres de boa vontade, todos devemos levantar a voz em defesa destes dois dons preciosos: a paz e a natureza. A irmã e mãe terra, como lhe chamava São Francisco de Assis (I,14).

Para concluir, quero dizer-lhes novamente: o futuro da humanidade não está unicamente nas mãos dos grandes dirigentes, das grandes potências e das elites. Está fundamentalmente nas mãos dos povos, na sua capacidade de se organizarem e também nas suas mãos que regem, com humildade e convicção, este processo de mudança (II,23).

Francisco ousa empregar uma palavra que não teme ser dita por um papa. Esta palavra que, com diferentes tonalidades e acentos, acompanha Movimentos Populares, cristãos ou não, desde a muitos anos, sempre foi hostil ao sistema de poder vigente. E quase sempre foi temida pelas autoridades da Igreja. Francisco, após proclamar a radicalidade de ações assertivas, mas não necessariamente "violentas", não receia lembrar que se há, desde o cristianismo, uma "linha de ação" ou um "programa", tal como o Evangelho, ele deve ser vivido como entrega e "com paixão". E, assim sendo, ele não é menos do que "revolucionário".

Alguns de vós disseram: este sistema já não funciona. Devemos mudá-lo, devemos voltar a pôr a dignidade humana no centro e sobre aquele pilar devem ser construídas as estruturas sociais alternativas das quais precisamos. Com paixão, mas sem violência. E todos juntos, enfrentando os conflitos sem cair na sua cilada, procurando resolver sempre as tensões para alcançar um nível superior de unidade, de paz e de justiça. Nós, cristãos, temos algo muito bonito, uma linha de ação, um programa, poderíamos dizer, revolucionário (I,16).

Dirigindo-se a lideranças de movimentos sociais populares do mundo inteiro, há momentos em que o papa pessoaliza o apelo de sua mensagem. Podemos acreditar que não por um apelo afetuoso às mais simples das pessoas das margens da sociedade. Ao contrário, ele toma os supostos ofícios mais humildes ou aparentemente menos próximos a uma linha de frente no plano das ações populares, para lembrar que é a todos que o chamado a uma ação radicalmente transformadora se dirige. Não apenas operários mobilizados ou camponeses aguerridos em defesa de terra, trabalho e casa, mas também todas as categorias de pessoas, a começar possivelmente pelas mais esquecidas, quando pensamos em ações insurgentes e populares. Em sua mensagem, antes do missionário vem o estudante, e, antes de ambos, o catador de papel.

> Que posso fazer eu, recolhedor de papelão, catador de lixo, limpador, reciclador, diante de tantos problemas, se mal ganho o necessário para me alimentar? Que posso fazer eu, artesão, vendedor ambulante, carregador, trabalhador irregular, se não tenho sequer direitos trabalhistas? Que posso fazer eu, camponesa, indígena, pescador que dificilmente consigo resistir à propagação das grandes corporações? Que posso fazer eu, a partir da minha comunidade, do meu barraco, da minha cidade, da minha favela, quando sou diariamente discriminado e marginalizado? Que pode fazer aquele estudante, aquele jovem, aquele militante, aquele missionário que atravessa as favelas e os paradeiros com o coração cheio de sonhos, mas quase sem nenhuma solução para os seus problemas?
> Muito! Podem fazer muito. Vós, os mais humildes, os explorados, os pobres e os excluídos, podeis e fazeis muito. Atrevo-me a dizer que o futuro da humanidade está, em grande medida, nas vossas mãos, na vossa capacidade de vos organizar e promover alternativas criativas na busca diária dos "3 Ts" (terra, teto e trabalho), e também na vossa participação como protagonistas nos grandes processos de mudança nacionais, regionais e mundiais. Não se acanhem! (II,9).

Estejamos atentos ao fato de que, no pensamento de Francisco, a tarefa de transformar a sociedade em direção a um mundo justo e fraterno pressupõe algo mais do que apenas uma pluriação destinada a repensar o sistema e recriar as suas estruturas. Ela implica também a criação de formas de gestão do poder para além do que sua mensagem de outubro de 2014 chamará de "democracia formal". Aquela de que se alimentam os senhores do poder econômico e seus sócios, senhores do poder político. Uma "revitalização da democracia" abre-se a uma presença perene e crescente de setores de fato representantes da sociedade civil, "que incluam os Movimentos Populares".

> Os Movimentos Populares expressam a necessidade urgente de revitalizar as nossas democracias, tantas vezes desviadas por inúmeros fatores. É impossível imaginar um futuro para a sociedade sem a participação, como protagonistas, das grandes maiorias, e este protagonismo transcende os procedimentos lógicos da democracia formal. A perspectiva de um mundo de paz e de justiça duradouras pede que superemos o assistencialismo paternalista, exige que criemos novas formas de participação que incluam os Movimentos Populares e animem as estruturas de governo locais, nacionais, internacionais com aquela torrente de energia moral que nasce da integração dos excluídos na construção do destino comum. E assim, com ânimo construtivo, sem ressentimento, com amor (I,18).

VI. Uma ação entre diferentes irmanados

Impossível a um papa dizer a sua palavra sem que ela seja a de um católico falando em nome de sua religião e através de sua Igreja. No entanto, em todos os documentos Francisco dá o testemunho de um espírito ecumênico que envolva apenas o universo cristão, ele se dirige a todas as pessoas pan-ecumenicamente vocacionadas ao bem, ao amor, à prática da solidariedade e, por consequência, ao empenho em transformar um mundo financeiramente globalizado – e não humanamente planetarizado – que em todos os planos e dimensões nega cada um dos valores que em todos os documentos são defendidos com empenho.

Assim, em uma mesma passagem, invertendo a ordem das palavras Francisco irá acentuar primeiro uma desejada "cultura do encontro" e, depois, um "encontro de culturas":

> Sei que entre vós há pessoas de diversas religiões, profissões, ideais, culturas, países e continentes. Hoje estais a praticar aqui a cultura do encontro, tão diversa da xenofobia, da discriminação e da intolerância que vemos com muita frequência. Produz-se entre os excluídos este encontro de culturas no qual o todo não anula a particularidade, o todo não anula o particular (I,17).

Estendido aos seus limites mais generosos, os apelos do papa possuem uma origem cristã, e mais de uma vez o exemplo de Jesus é tomado como um modelo de ação. No entanto a destinação dos apelos é universal. Ele fala a todos os povos da terra através de seus movimentos sociais de vocação popular. Uma aceita e assumida diferença entre crenças deve realizar-se através de uma convergência de propósitos e de ações. Tanto é assim que, quando Francisco quer encontrar palavras que traduzam a excelência de um projeto amorosamente humanizador, ele as vai buscar no ideário de povos e culturas andinas. O "viver bem", preceito da *Sumak Kansay* de Quéchuas e Aymaras, dos povos patrimoniais das Américas que se opõe ao "viver bem" preconizado pela doutrina produtivista e consumista do sistema hegemônico.

> Ouvimos também como vos comprometestes a abraçar um projeto de vida que rejeite o consumismo e recupere a solidariedade, o amor entre vós e o respeito pela natureza como valores essenciais. É a felicidade de "viver bem" aquilo que reclamais, a "vida

boa", e não aquele ideal egoísta que enganosamente inverte as palavras e propõe a "boa vida" (III,7).

Cada um de nós é apenas uma parte de um todo complexo e diversificado interagindo no tempo: povos que lutam por uma afirmação, por um destino, por viver com dignidade, por "viver bem" (II,10).

Vós – e outros povos também – resumis este anseio de uma maneira simples e bela: "viver bem" (II,15).

Talvez seja em uma dimensão de sofrimento humano que Francisco mais estenda um olhar sobre a diferença e o diferente. Ao falar dos que sofrem, ele não se refere sociologicamente a uma classe social unificada, como "o povo", ou unidirecionada, como "o operário". Ele elenca, dentre os que se fazem justamente representar pelos Movimentos Populares, algumas categorias de pessoas e de grupos humanos nem sempre identificados mesmo em documentos de teor insurgente e popular.

Vós, a partir dos Movimentos Populares, assumis as tarefas comuns motivados pelo amor fraterno que se rebela contra a injustiça social. Quando olhamos o rosto dos que sofrem, o rosto do camponês ameaçado, do trabalhador excluído, do indígena oprimido, da família sem teto, do imigrante perseguido, do jovem desempregado, da criança explorada, da mãe que perdeu o seu filho num tiroteio, porque o bairro foi tomado pelo narcotráfico, do pai que perdeu a sua filha, porque foi sujeita à escravidão; quando recordamos estes "rostos e nomes" estremecem nossas entranhas diante de tanto sofrimento e comovemo-nos...
Porque "vimos e ouvimos", não a fria estatística, mas as feridas doloridas da humanidade, as nossas feridas, a nossa carne. Isto é muito diferente da teorização abstrata ou da indignação elegante. Isto nos comove, nos move e procuramos o outro para nos movermos juntos. Esta emoção feita ação comunitária é incompreensível apenas com a razão: tem um *plus* de sentido que só os povos

entendem e que conferem a sua mística particular aos verdadeiros movimentos populares (II,10-11).

Um direito à uma diferença cultural que socialmente iguale pessoas e povos, e assim supere uma desigualdade que a retórica do sistema do poder apresenta como a sua versão da diferença entre povos e pessoas, estende-se a uma fronteira de direitos. Que cada pessoa, cada comunidade humana, cada sociedade e cada nação aspire a tornar-se tão autonomamente desenvolvida e harmônica quanto possível e desejável. Mas sem reduzir-se ao modelo de outras. Que cada uma caminhe em direção a um mesmo horizonte de justa prosperidade e felicidade partilhada, mas através de caminhos e destinos próprios. E que tudo seja a busca de uma humanidade fraternalmente planetarizada, oposta a uma coletividade desigualmente globalizada.

> A segunda tarefa é unir os nossos povos no caminho da paz e da justiça. Os povos do mundo querem ser artífices do seu próprio destino. Querem caminhar em paz para a justiça. Não querem tutelas nem interferências, com o mais forte subordinando o mais fraco. Querem que a sua cultura, o seu idioma, os seus processos sociais e as suas tradições religiosas sejam respeitados. Nenhum poder efetivamente constituído tem direito de privar os países pobres do pleno exercício da sua soberania e, quando o fazem, vemos novas formas de colonialismo que afetam seriamente as possibilidades de paz e justiça, porque "a paz funda-se não só no respeito pelos direitos do homem, mas também na independência" (II,17-18).

Em suma, talvez esta seja a vocação humana mais ousada: desvendar rumos comuns, descobrir caminhos próprios, construir pontes entre eles.

Caros irmãos e irmãs, todos os muros ruem. Todos! Não nos deixemos enganar. Como vós mesmos dissestes: "Continuemos a trabalhar para construir pontes entre os povos. Pontes que nos permitam derrubar os muros da exclusão e da exploração". Enfrentemos o terror com o amor! (III,11-12).

Pois é ao amor que tudo deve convergir.

VII. O primado do amor

Que a última parte desta pequena resenha de três documentos do Papa Francisco dirigidos aos Movimentos Populares seja concluída apenas com algumas passagens de suas palavras. Duas lembranças merecem, no entanto, serem recordadas aqui.

A primeira. A radicalidade das propostas de transformações sociais através dos Movimentos Populares deve ser pensada e vivida através da partilha, da solidariedade, da resistência ativa ao poder do mal, da denúncia, de ações insurgentes e dirigidas ante a transformações sociais em todas as esferas. Mas o princípio e o destino de todas elas é a fecundidade do amor. E "amor", na versão de Francisco, possui muito pouco de um sentimento pessoal, que de tão sublime pode dar-se ao luxo de ser contemplativo e passivo. Amor é a emoção individual e coletiva que em nome do outro ao meu lado me faz sair de mim mesmo e partir para a ação. O amor não se mede na intensidade interior de meus afetos. Ele se dá a ver na ação generosa e insurgente através da qual ele transforma, e me transforma.

A segunda. Um documento anterior de Francisco traz este nome: *Amoris Laetitia*, "Alegria do amor". Em um pequeno e precioso estudo sobre o pontificado de Francisco, quando ele completou um ano, Faustino Teixeira lembra que é a alegria um dos preceitos mais essenciais da mensagem cristã. Algo que Francisco transforma em uma palavra fundadora de seu pontificado. Viver a alegria de viver a vida! Transcrevo uma passagem de Faustino.

> Uma das fundamentais posturas indicadas por Francisco para a retomada da vitalidade eclesial é "viver na alegria".[2] A alegria é o traço que acompanha aquele que está enamorado por Jesus. E junto com ela o desejo irrefreável de partilhar com os outros esse fogo que incendeia o coração e que rechaça qualquer pessimismo.[3]

O que foi antes dito a respeito do amor bem poderia ser repetido aqui sobre a alegria em Francisco. Em nada ela é um sentimento individualmente egoísta, sobretudo quando sentida e pensada através dos valores de um sistema que coloca o "ter" sobre o "ser", o "vencer" sobre o "viver", e o "competir" sobre o "compartir". A alegria não pode ser o que alguém sente sobre, contra ou apesar dos outros. Ela é, ao contrário, algo que, existindo pessoalmente em mim, somente se realiza plenamente no fluxo do entre nós. Ela não é o que sinto ou vivo porque "sou assim", mas existe naquilo que me realiza através do que partilho com outras pessoas ao me construir, ao nos construir e ao ousar transformar e reconstruir nossas vidas, destinos e mundos. Quando Francisco lembra que o amor é algo "até onde te elevas", ele certamente pretende acentuar que o amor é tanto algo desde onde se parte como algo até onde solidariamente se chega.

---

[2] PAPA FRANCISCO. *Palavras do papa Francisco no Brasil.* São Paulo: Paulinas, 2013, p. 25.

[3] TEIXEIRA, Faustino. Papa Francisco e o evangelho da alegria. *Tempo e Presença Digital,* Ano 9, n. 28, jun. 2015.

Assim também a alegria. Pois a alegria é o sentimento de quem ama. E quem sabe amar sabe dirigir o seu amor ao que cria entre os homens e as mulheres um mundo em que todas e todos podem ser felizes.

E ele diz isto através de um homem negro e protestante.

Na *Amoris Laetitia* cito um saudoso líder afro-americano, Martin Luther King, o qual sabia escolher sempre o amor fraterno até no meio das piores preocupações e humilhações. Quero recordá-lo hoje convosco: "Quando te elevas ao nível do amor, da sua grande beleza e poder, a única coisa que procuras derrotar são os sistemas malignos (III,23).

Saibamos concluir com algumas derradeiras mensagens de Francisco. E estejamos atentos a que, quando na última passagem, Francisco acrescente ao amor e à alegria uma outra virtude transformadora, a esperança, ele a enunciará através de duas corajosas metáforas que devem valer como profecias. Na primeira, que através do trabalho solidário, insurgente e transformador dos movimentos populares venham a surgir "bosques densos de esperança para oxigenar este mundo". Na segunda, que através das ações dos povos da Terra "sente-se o vento de promessa que reacende a esperança de um mundo melhor". E mais, que profeticamente "este vento se transforme em furacão de esperança".

Este apego ao bairro, à terra, ao território, à profissão, à corporação, este reconhecer-se no rosto do outro, esta proximidade no dia a dia, com as suas misérias e os seus heroísmos quotidianos, é o que permite realizar o mandamento do amor, não a partir de ideias ou conceitos, mas a partir do genuíno encontro entre pessoas, porque não amamos os conceitos nem as ideias; amamos as pessoas. A entrega, a verdadeira entrega nasce do amor pelos homens e pelas mulheres, pelas crianças e pelos idosos, pelos vilarejos e pelas comunidades... Rostos e nomes que enchem o coração. A partir destas sementes de esperança semeadas pacientemente nas periferias esquecidas do planeta, destes rebentos de ternura que lutam por subsistir na escuridão da exclusão, crescerão grandes árvores, surgirão bosques densos de esperança para oxigenar este mundo (II,11-12).

Vós sois semeadores de mudança. Que Deus vos dê coragem, alegria, perseverança e paixão para continuar a semear. Podeis ter a certeza de que, mais cedo ou mais tarde, vamos ver os frutos (II,12).

Como é triste ver que, por detrás de presumíveis obras altruístas, o outro é reduzido à passividade, é negado ou, ainda pior, escondem-se negócios e ambições pessoais: Jesus defini-los-ia como hipócritas. Mas como é agradável quando se veem em movimento povos e, sobretudo, os seus membros mais pobres e os jovens. Então sim, sente-se o vento de promessa que reacende a esperança de um mundo melhor. Que este vento se transforme em furacão de esperança. Eis o meu desejo (I,7).

A política de Francisco

Pelos pobres; contra as injustiças

ROBSON SÁVIO REIS SOUZA*

A política não se faz somente de discursos e belas palavras. Toda ação humana está sempre vinculada a um modo de pensar. E os modos de pensar estão relacionados ao agir.

A prática política, baseada no dito a partir do vivido, é educativa e mobilizadora. Aprendemos com os estudos e as teorias. E também com as experiências reais: os conhecimentos baseados na realidade.

Com o Papa Francisco, observamos uma simbiose entre os discursos e as práticas. Afinal, os exemplos têm significados intensos e repercussões profundas no campo político: "dar o exemplo e reclamar é um modo de fazer política" (III,17).

Antes mesmo de Francisco se encontrar com representantes de movimentos populares de várias partes do mundo, em três distintas ocasiões,[1] uma série de mensagens não escritas já apontavam para uma opção clara do papa por aqueles que apresentam "diante de Deus, da Igreja e dos povos uma realidade que muitas vezes passa em silêncio.

---

* Licenciado em Filosofia e doutor em Ciências Sociais; é professor da PUC Minas, onde coordena o Núcleo de Estudos Sociopolíticos (Nesp).
[1] Até 2016.

Os pobres não só suportam a injustiça, mas também lutam contra ela!" (I,5). Ou seja, a política de Francisco, discurso e prática, se caracteriza por uma postura evangélica e profética: os pobres e suas lutas estão no centro do seu discurso, da sua vida, dos seus exemplos e suas diretrizes à Igreja.

Escolher como interlocutores privilegiados as lideranças dos movimentos populares é uma verdadeira revolução no papado de Francisco. Significa colocar no centro da política eclesial, de fato e de direito, os atores sociais comprometidos com os clamores dos pobres.

Tradicionalmente, como chefes de Estado e de governo, os papas dirigem-se aos representantes dos poderes constituídos para falar às nações. Utilizam-se da política baseada nas frias, calculadas e protocolares relações diplomáticas ordinárias para enviarem suas mensagens aos povos. Adéquam-se às agendas formais que, muitas vezes, agradam a "gregos e troianos".

Em pontificados anteriores observamos, inclusive, encontros do chefe da Igreja Católica com líderes mundiais conhecidos por posturas autoritárias e repressivas contra o povo e as minorias. Tudo parecia normal e natural...

Francisco não despreza os ritos protocolares. Mas optou por novos caminhos. Caminhos revolucionários num mundo que se curva para os poderosos.

Além de dar centralidade às lideranças sociais e populares, percebeu, desde o primeiro dia de seu pontificado, que os chefes dos poderes públicos, de modo geral, estão altamente deslegitimados pelo fato de terem se capitulado à lógica do dinheiro e do mercado, afastando-se cada vez mais dos clamores dos pobres, servindo a um "sistema econômico que põe os benefícios acima do homem [...], que considera o ser humano como um bem de consumo, que se pode usar e depois jogar fora" (I,11). Servem a um sistema centrado no "deus dinheiro" a saquear a natureza para manter o ritmo frenético de consumo que lhe é próprio (cf. I,5). Um sistema global destrutivo "que impôs a lógica do lucro a todo o custo, sem pensar na exclusão social nem na destruição da natureza" (II,7).

Assim, Francisco preferiu se aliar aos líderes dos Movimentos Populares que "expressam a necessidade urgente de revitalizar as nossas democracias tantas vezes desviadas por inúmeros fatores" (I,18).

I. Servidores do dinheiro

Francisco tem demonstrado que a fragilidade das democracias capitalistas ocidentais tem relação com o recrudescimento de um sistema econômico que exclui os pobres e destrói a "casa comum". Há responsabilidade dos governos, mas também daquele que se sobrepõe aos governos: o sistema financeiro e empresarial.

Nesse sentido, numa audiência com empresários em novembro de 2016, no Vaticano, o papa falou de três desafios da atividade empresarial: o dinheiro, a honestidade e a fraternidade: "Falar de dinheiro é falar de um dos temas mais difíceis da percepção moral. Trata-se do 'esterco do diabo'", disse Francisco, recordando que o dinheiro existe para servir, não para governar: é um instrumento técnico de intermediação, de comparação de valores, de cumprimento das obrigações. E, assim como o dinheiro, as empresas devem existir para servir e não somente para produzir lucro.

"Por isso é urgente recuperar o sentido social da atividade financeira e bancária", exortou o pontífice, afirmando que isso supõe assumir o risco de "complicar a vida", renunciando a ganâncias econômicas.

Na ocasião, Francisco pediu crédito acessível aos pequenos produtores e pequenos empresários e denunciou, em nível internacional, a agiotagem praticada contra os países mais pobres no momento de financiá-los.

O segundo desafio apontado por Francisco é a honestidade, definindo a corrupção como a pior chaga da sociedade. "É a lei da selva disfarçada de aparente racionalidade social"; "é a fraude da democracia". A corrupção não é um vício exclusivo da política, mas está presente nas empresas, nos meios de comunicação, nas Igrejas e nos movimentos populares e, segundo Francisco, "uma das condições necessárias para o progresso social é a ausência de corrupção".

O terceiro desafio é a fraternidade: "a atividade empresarial tem sempre que envolver o elemento da gratuidade", afirmou Francisco. Sobre este ponto, o pontífice incluiu o tema das migrações e dos refugiados. A Santa Sé e as igrejas estão fazendo esforços para enfrentar de maneira eficaz as causas desta situação, buscando a pacificação das regiões em guerra e promovendo o espírito de acolhida. "Porém, não se consegue tudo o que se deseja", constatou o papa, pedindo que os empresários façam a sua parte, recordando que muitos deles pertencem a famílias de migrantes.[2]

---

[2] *"Papa a empresários: corromper é fraudar a democracia."* Rádio Vaticana. Disponível em: < http://br.radiovaticana.va/news/2016/11/17/papa_a_empres %C3%A1rios_corromper_%C3%A9_fraudar_a_democracia/1272922 >. Acesso em: 30 nov. 2017.

II. Um sistema estruturalmente corrupto

Nos encontros com os Movimentos Populares, Francisco tocou no ponto central desse sistema que mata.

As últimas crises econômicas mundiais serviram para aumentar a concentração de riqueza e renda em todo o planeta. Atualmente, vinte e oito grandes grupos financeiros manejam quase 2 trilhões de dólares por ano. O balanço desses megaconglomerados financeiros que têm, entre outros, o Goldman Sachs, o JP Morgan Chase, o Bank of America, o Citigroup, o Santander, entre outros, mostra um patrimônio (não produtivo) de 50 trilhões de dólares, sendo que o PIB mundial está na casa dos 75 trilhões. Esses conglomerados detêm cerca de 68% do fluxo mundial do capital.[3]

Um sistema econômico que se sobrepõe à política e aos interesses dos povos e das nações funciona graças à corrupção generalizada: nada menos que 25% do Produto Interno Bruto mundial é remetido a paraísos fiscais por grandes empresas e instituições financeiras. Estima-se que a cada ano 18 trilhões de dólares seguem o caminho da sonegação de impostos. No Brasil a estimativa de evasão fiscal entre 2003 e 2012 foi de 220 bilhões de dólares.

Nas eleições de 2014, no Brasil, por exemplo, dez grandes grupos [bancos, empresas (empreiteiras e agronegócio) e fundos de investimento] gastaram 5 bilhões de reais e elegeram 70% do Congresso Nacional. Um Congresso que não

---

[3]   Utilizamos dados sobre a concentração de riqueza das seguintes fontes: relatório da Oxfam, de 2017; DOWBOR, Ladislau. El capitalismo cambió las reglas, la politica cambió de lugar. *Nueva Sociedad*, 2016; CACCIA-BAVA, Silvio. *A corrupção e o impasse político*. Texto impresso distribuído no encontro do Movimento Nacional de Fé e Política, realizado em maio 2017, no Rio de Janeiro; Ministério das Relações Exteriores, *Temas orçamentários e administrativos da ONU*.

representa o povo, mas representa muito bem os interesses dos grupos financeiros.

A corrupção passou a ser a mola propulsora do capitalismo rentista, especulador e concentrador de renda e riqueza que viceja nos últimos tempos. A concentração de poder em pouquíssimos conglomerados e a fusão ou compra de grandes bancos desencadeadas pela crise de 2008 determinam o modo de funcionamento de um sistema que precisa corromper governos (agentes públicos) para subsistir.

Um relatório da ONG britânica Oxfam, de 2017, sobre a desigualdade social no Brasil mostrou que os seis brasileiros mais ricos concentram a mesma riqueza que os cem milhões de brasileiros mais pobres.[4] Os 10% mais ricos do Brasil pagam uma parcela menor de sua renda com tributos que os 10% mais pobres. A parte mais pobre da população gasta 32% de tudo o que recebe em tributos, enquanto quem está no topo da pirâmide destina apenas 21% de sua renda para pagar impostos. A renda mais baixa também é a que paga mais impostos indiretos (cobrados sobre produtos e serviços): 28% de tudo o que ganham os mais pobres é consumido para este fim, enquanto os mais ricos pagam somente 10% do rendimento nesse tipo de imposto.

Os negros e as mulheres são os mais penalizados por essa diferença, mostra o estudo da Oxfam, já que eles somam três de cada quatro brasileiros na faixa menos favorecida. Na outra ponta, os homens brancos são dois em cada três dos 10% mais ricos do Brasil. Esse é o nosso Brasil brasileiro...

---

[4] O relatório da ONG Oxfam, intitulado "A distância que nos une", pode ser visto, na íntegra, no link: < https://www.oxfam.org.br/sites/default/files/arquivos/Relatorio_A_distancia_que_nos_une.pdf >. Acesso em: 05 dez. 2017.

Ainda segundo o relatório da Oxfam, "o 1% mais rico da população mundial possui a mesma riqueza que os outros 99%, e apenas oito bilionários possuem o mesmo que a metade mais pobre da população no planeta. Por outro lado, a pobreza é realidade de mais de setecentos milhões de pessoas no mundo. Trata-se de uma situação extrema".

No Brasil, os seis bilionários mais ricos, se gastassem um milhão de reais por dia, juntos, levariam 36 anos para esgotar o equivalente ao seu patrimônio. Segundo a Oxfam, os 5% de brasileiros mais ricos detêm a mesma fatia de renda que os demais 95% da população. Além disso, os super-ricos (0,1% da população brasileira hoje) ganham em um mês o mesmo que uma pessoa que recebe salário mínimo (937 reais, em 2017) – cerca de 23% da população brasileira – ganharia trabalhando por 19 anos seguidos. E mais: mantida a tendência dos últimos 20 anos, mulheres ganharão o mesmo salário que homens somente em 2047, enquanto negros terão equiparação de renda com brancos somente em 2089.

Ao denunciar essa estrutura perversa, não é somente aos governantes das nações que Francisco se dirige. Há uma mensagem clara para que a Igreja se abra aos clamores dos Movimentos Populares, como instrumentos para mudar esse sistema: "muito me alegra por isso! Ver a Igreja com as portas abertas a todos vós, que se envolvem, acompanham e conseguem sistematizar em cada diocese, em cada comissão 'justiça e paz' uma colaboração real, permanente e comprometida com os Movimentos Populares" (II,5). E mais: "A Igreja não pode nem deve estar alheia a este processo no anúncio do Evangelho. [...] Estou convencido de que a cooperação amistosa com os movimentos populares pode fortalecer estes esforços e os processos de mudança" (II,13).

Por mais paradoxal que possa parecer, num momento histórico e sociopolítico no Ocidente marcado pelo recrudescimento dos discursos de ódio e de guerra dirigidos a grupos minoritários e vulneráveis; pela concentração escandalosa do dinheiro; pela decadência dos sistemas de representação política (capitulados pelos interesses de poucos), o papa é o único líder mundial a produzir um discurso contra-hegemônico para incomodar os mentores da "ditadura sutil" do capitalismo:

> Quando o capital se torna um ídolo e dirige as opções dos seres humanos, quando a avidez do dinheiro domina todo o sistema socioeconômico, arruína a sociedade, condena o homem, transforma-o em escravo, destrói a fraternidade inter-humana, faz lutar povo contra povo e até, como vemos, põe em risco nossa casa comum (II,8).

O papa percebe, também, que o mundo está se afogando em fraudes corporativas. Alguns estudos levantam a hipótese segundo a qual os governos dos países pobres, provavelmente, aceitam mais subornos e cometem mais crimes. Mas é nos países ricos – que sediam as empresas multinacionais – que as infrações de maiores proporções acontecem.[5]

A corrupção existe em todos os países. E o sistema capitalista na sua forma especulativa e rentista é o maior produtor de corrupção sistêmica. Afinal, paraísos fiscais, sonegação e evasão de divisas é o que sustenta esse modelo de capitalismo na sua atual fase.

---

[5] Sobre o tema veja: "A onda global de crimes corporativos", de Jeffrey D. Sachs. Disponível em: < http://internacional.estadao.com.br/noticias/geral,a--onda-global-de-crimes-corporativos-imp-,716387 >. Acesso em: 16 dez. 2017.

Num modelo de governança global notadamente dominado pela acumulação das riquezas nas mãos de poucos, Francisco é voz dissonante ao denunciar que

> existe um terrorismo de base que provém do controle global do dinheiro na terra, ameaçando a humanidade inteira. É deste terrorismo de base que se alimentam os terrorismos derivados, como o narcoterrorismo, o terrorismo de Estado e aquele que alguns erroneamente chamam terrorismo étnico ou religioso. Mas, nenhum povo, nenhuma religião é terrorista (III,9).

Ao contrário das análises parciais, repercutidas em doses cavalares pela mídia empresarial, marcadas pela fragmentação e por um vieses autoritários e desagregadores que imobilizam as ações comunitárias e desestimulam as práticas de resistência a esse modelo que mata, o papa apresenta uma análise sistêmica da arquitetura político-econômica mundial, a evidenciar "a ditadura global da economia" (III,10).[6] Essa tirania se sustenta ao explorar os nossos medos.

> E quando este terror, que foi semeado nas periferias com massacres, saques, opressões e injustiças, eclode nos centros sob várias formas de violência, até com atentados hediondos e infames, os cidadãos que ainda conservam alguns direitos são tentados pela falsa segurança dos muros físicos ou sociais. Muros que encarceram alguns e exilam outros. Por um lado, cidadãos murados, apavorados; e por outro, excluídos, exilados, ainda mais aterrorizados (III,10-11).

---

[6] Francisco recorda que seus antecessores, os papas Pio XI, com a encíclica *Quadragesimo Anno*, de 1931, e Paulo VI, com a Carta Apostólica *Octagesima Adveniens*, de 1971, já denunciavam o "imperialismo internacional do dinheiro" e "a nova forma abusiva de domínio econômico nos planos social, cultural e até político".

Trata-se de um modelo de vida, principalmente da vida urbana, que se ostenta como maravilhoso para poucos: "cidades que oferecem numerosos prazeres e bem-estar para uma minoria feliz, mas negam uma casa a milhares de vizinhos e irmãos nossos, até crianças, e chamamos-lhes, elegantemente, de 'pessoas sem abrigo'. É curioso como são abundantes os eufemismos no mundo das injustiças" (I,9).

Os estudos sobre segregação socioespacial têm apontado para as desigualdades sociais e econômicas como fatores que diminuem as oportunidades de mobilidade social, acesso ao emprego, estreitamento dos horizontes de oportunidades para os pobres e o aumento da violência urbana.[7]

A exploração, a opressão e a injustiça produzidas por esse modelo que privilegia o sistema econômico em detrimento da humanidade produziram a "cultura do descarte", que "considera o ser humano como um bem de consumo, que se pode usar e depois jogar fora" (I,11).

Um sistema que é pródigo para salvar um banco em processo de falência, com quantias escandalosas provenientes de recursos públicos, mas "quando ocorre esta falência da humanidade, praticamente não aparece nem uma milésima parte para salvar aqueles irmãos que sofrem tanto" (III,16).[8]

---

[7] Para aprofundar esse tema, indicamos: KAZTMAN, R. Seducidos y abandonados: el aislamento social de los pobres urbanos. *Revista de La Cepal*, 75, dez. 2001. Disponível em: < https://www.cepal.org/publicaciones/xml/6/19326/katzman.pdf>. Acesso em: 16 dez. 2017.

[8] Em conversas com os jesuítas em Myanmar e Bangladesh, em dezembro de 2017, Francisco voltou a afirmar que "hoje discutimos muito sobre como salvar os bancos. O problema é a salvação dos bancos. Mas quem salva a dignidade dos homens e das mulheres hoje? As pessoas que estão arruinadas não interessam mais a ninguém". Disponível em: < http://www.ihu.unisinos.

Um sistema dominado por "corporações, credores, alguns tratados denominados 'de livre-comércio' e a imposição de medidas de 'austeridade' que sempre apertam o cinto dos trabalhadores e dos pobres" (II,18-19).

Esse sistema "tornou-se insuportável". Por isso, o papa faz uma convocação: "digamos sem medo [que] queremos uma mudança, uma mudança real, uma mudança de estruturas" (II,3). Para tanto, é preciso colocar a economia a serviço dos povos.

III. O papel político dos Movimentos Populares

O elemento profético e simbólico dessa opção de Francisco pelos movimentos populares é a explicitação da mais dura e contundente crítica ao capitalismo em sua fase atual, marcada pelo rentismo especulativo que promove a mais avassaladora política de acumulação de riqueza e renda da história da humanidade, a privilegiar pouquíssimos.

Em contraposição a esse sistema global idólatra "que exclui, degrada e mata" (II,11), o Papa Francisco propõe uma nova governança global protagonizada pelos Movimentos Populares:

Atrevo-me a dizer que o futuro da humanidade está, em grande medida, nas vossas mãos, na vossa capacidade de vos organizar e promover alternativas na busca diária dos "3 Ts" (terra, teto e trabalho) e, também, na vossa participação como protagonistas nos grandes processos de mudanças nacionais, regionais e mundiais. Não se acanhem (II,9).

---

br/574653-estar-nas-encruzilhadas-da-historia-as-conversas-do-papa-francisco-com-os-jesuitas-de-myanmar-e-bangladesh >. Acesso em: 16 dez. 2017.

Trata-se de uma ousada proposta para uma nova concertação mundial;[9] uma "alternativa humana à globalização exclusiva" (II,12).

O papa aponta profeticamente que "existem forças poderosas que podem neutralizar esse processo de amadurecimento de uma mudança, que seja capaz de mudar o primado do dinheiro e pôr novamente no centro o ser humano, o homem e a mulher" (III,9).

No sistema atual quem governa é o dinheiro, usando o "chicote do medo, da desigualdade, da violência financeira, social, cultural e militar que gera cada vez mais violência em uma espiral descendente que parece infinita" (III,9).

De fato,

> o medo é alimentado, manipulado... Porque, além de ser um bom negócio para os comerciantes de armas e de morte, o medo debilita-nos, desestabiliza-nos, destrói as nossas defesas psicológicas e espirituais, anestesia-nos diante do sofrimento do próximo e no final torna-nos cruéis (III,11).

É nesse contexto que observamos nos últimos anos, principalmente no Ocidente, uma guinada conservadora. Os grupos conservadores têm medo daquilo que não conseguem prever, ou seja, têm medo de tudo aquilo que pode provocar mudanças. E, para se manterem no poder, utilizam o discurso do medo como forma de controle e dominação.

---

[9] Trata-se das articulações entre governos e organizações sociais, sindicais e empresariais com o objetivo de se estabelecer acordos e consensos globais.

Segundo Bauman, medo é o nome que damos a nossa incerteza: nossa ignorância da ameaça e do que deve ser feito.[10]

Por sua vez, Boldt argumenta que, além de justificar múltiplas violações de direito, o medo transformou-se no tema central deste século XXI e:

> Se tornou base de aceitação popular de medidas repressivas penais inconstitucionais, uma vez que a sensação do medo possibilita a justificação de práticas contrárias aos direitos e liberdades individuais, desde que mitiguem as causas do próprio medo.[11]

Muitas vezes, o discurso do medo se associa também ao discurso religioso e aos radicalismos e fanatismos transformando-se em práticas doentias e perigosas.

Os fundamentalistas não têm limites; não têm ética; não agem com a razão. Agem por convicção própria, ou seja, pela crença pervertida de que são porta-vozes do bem ou discípulos de uma causa transcendental. São convictos de que possuem uma missão a ser cumprida e, sendo superiores, porque são enviados de Deus para extirparem o mal da terra, devem salvar o mundo daqueles "eleitos" como sendo os ímpios.

Os fanáticos político-religiosos se congregam em castas herméticas, cujo objetivo é a criação de mecanismos de autoproteção e a propagação do medo coletivo. Só assim, sentem-se seguros e empoderados para cumprir sua "missão redentora". Estão convictos: somos do bem; podemos tudo!

---

[10] Cf. BAUMAN, Zygmunt. *Medo líquido.* Trad. Carlos Alberto Medeiros. Rio de Janeiro: Jorge Zahar, 2008.

[11] BOLDT, Raphael. Criminologia midiática: do discurso punitivo à corrosão simbólica do garantismo. Curitiba: Juruá, 2013, p. 96.

É por isso que os fanáticos político-religiosos têm na pregação e na oratória suas principais armas para arrebanhar adeptos. Utilizam-se da propagação do medo para justificar a consolidação de uma seita baseada em discursos de ódio e de vingança.

Nesse contexto, a mídia tem um papel central na construção seletiva de inimigos e fantasmas. A manipulação midiática aumenta os medos individuais e induz ao pânico coletivo. Justifica a demanda pelo recrudescimento legal, promovendo a criminalização e repressão seletivas, ofertando aos grupos detentores do poder instrumentos para a legitimação de uma intervenção cada vez mais repressiva, criando um verdadeiro Estado penal.

> Nenhuma tirania se sustenta sem explorar os nossos medos. Isso é chave. Disto o fato de que toda a tirania seja terrorista. E quando este terror, que foi semeado nas periferias com massacres, saques, opressão e injustiça, explode nos centros com diversas formas de violência, até mesmo com atentados odiosos e covardes, os cidadãos que ainda conservam alguns direitos são tentados pela falsa segurança dos muros físicos ou sociais. Muros que fecham alguns e exilam outros. Cidadãos murados, aterrorizados, de um lado; excluídos, exilados, ainda mais aterrorizados de outro. É esta a vida que Deus nosso Pai quer para os seus filhos? [...]. Quando ouvimos que se festeja a morte de um jovem que talvez tenha errado o caminho, quando vemos que se prefere a guerra à paz, quando vemos que se difunde a xenofobia, quando constatamos que ganham terreno as propostas intolerantes; por trás desta crueldade que parece massificar-se existe o frio sopro do medo (III,10-11).

IV. As propostas dos Movimentos Populares

É importante salientar que na metodologia dos encontros com os Movimentos Populares o papa também escutou os consensos articulados pelas lideranças de tais movimentos.

Algumas das sínteses foram inspiradas no projeto surgido nos últimos anos na América Latina sob o desejo do "bem viver". Nesse sentido, no encontro de 2016 foram apresentados ao papa algumas propostas: "um salário social universal para os trabalhadores"; que a inviolabilidade da residência familiar seja um direito também universal. Ademais, os líderes dos Movimentos Populares condenaram a privatização da água, os transgênicos e as patentes de sementes; verbalizaram a necessidade de "mecanismos institucionais" que garantam sua participação nas decisões políticas e econômicas e manifestaram o desejo de "construir uma cidadania universal que derrube os muros da exclusão e da xenofobia".

Ao final do texto referente ao terceiro encontro, os líderes dos movimentos expressaram o desejo de "trabalhar junto com Francisco, para que estas propostas se transformem em direitos" e incentivaram "as igrejas locais a tornarem realidade as mensagens do papa".

Francisco, que conhece profundamente as vicissitudes vividas pelos povos da América Latina desde o processo de colonização, reconheceu que:

> Nos últimos anos, depois de tantos mal-entendidos, muitos países latino-americanos viram crescer a fraternidade entre seus povos. Os governos da região juntaram seus esforços para fazer respeitar a sua soberania, a de cada país e a da região como um todo que, de forma muito bela como faziam os nossos antepassados, chamam de "Pátria Grande" (II,18).

Obviamente, o papa se referia a uma série de governos mais sensíveis aos pobres e aos grupos vulneráveis de vários países da América Latina.

Diante da colossal onda conservadora e regressiva no campo social que atualmente assola boa parte desses países, o clamor do papa é profético: "é necessário manter a unidade contra a tentativa de divisão, para que a região cresça em paz e com justiça [...]" (II,18). Afinal, "apesar desses avanços, ainda subsistem fatores que atentam contra este desenvolvimento humano equitativo e restringem a soberania dos países da 'Pátria Grande' e de outras latitudes do planeta" (II,18).

A atualidade do discurso do papa em relação ao que ocorre na América Latina e no Brasil nos últimos tempos[12] pode

---

[12] É importante registrar que o Papa Francisco não ficou alheio aos "golpes suaves" que ocorreram no Brasil e noutros países da América Latina. Em reunião com a presidência do Conselho Episcopal Latino-americano (CELAM) – órgão colegiado dos bispos de toda a América Latina –, em 19 de maio de 2016, o Papa Francisco advertiu que "pode estar acontecendo 'golpe de estado suave' em alguns países da região. Segundo o portal de notícias *Religião Digital*, da Espanha, o pontífice expressou preocupação com os problemas sociais dos países da América Latina em geral. Mostrou-se preocupado com a eleição nos EUA (por falta de uma atenção mais viva à situação social dos mais pobres e excluídos) e com os conflitos sociais, econômicos e políticos na Venezuela, Brasil, Bolívia e Argentina. Segundo o papa, estaria ocorrendo um "golpe de estado suave" em alguns países. Ainda segundo a reportagem, o Papa Francisco estava entusiasmado quando falava sobre a Pátria Grande que é a América Latina e dos esforços que não devem cessar para se alcançar maior integração desses povos. (Fonte: < http://www. periodistadigital.com/religion/vaticano/2016/05/20/el-papa-recuerda-al-celam-que-la-interpretacion-correcta-de-la-amoris-laetitia-es-la-del-cardenal-schonborn-religion-iglesia-vaticano.shtml >. Acesso em: 04 dez. 2017). Corroborando essa reportagem, alguns dias antes do encontro com a cúpula do episcopado latino-americano, em 28 de abril de 2016, Adolfo Pérez Esquivel, ganhador do prêmio Nobel da Paz, relatou que o Papa Francisco acompanhava com preocupação a crise política no Brasil. Em entrevista, disse que discutiria com o pontífice o processo de *impeachment* da então presidente Dilma Rousseff. "Ele (Francisco) está muito preocupado com o que ocorre aqui. Também está preocupado com outros problemas no continente, retrocessos democráticos", afirmou. Segundo reportagem do jornal *O Estado de S.Paulo*, o Nobel da Paz não adiantou qual a avaliação do papa

ser percebida quando Francisco fala das múltiplas tentativas de destruição da identidade dos povos latino-americanos: "Identidade que alguns poderes, tanto aqui como em outros países, se empenham por apagar, talvez porque a nossa fé é revolucionária; porque a nossa fé desafia a tirania do ídolo dinheiro" (II,21). Ao falar em fé revolucionária, Francisco cutuca os discursos conservadores, inclusive abundantes dentro da Igreja: "É estranho, mas, se falo disto para alguns, o papa é comunista. Não se compreende que o amor pelos pobres está no centro do Evangelho. Terra, casa e trabalho, aquilo pelo que lutais, são direitos sagrados. Exigi-lo não é estranho, é a doutrina social da Igreja" (I,7-8).

A imposição de um discurso em uníssono se faz com "a concentração monopolista dos meios de comunicação social que pretende impor padrões alienantes de consumo e certa uniformidade cultural" (II,19) e é parte da estratégia do sistema que produz a morte dos pobres e da Mãe Terra. E, para tanto,

> as instituições financeiras e as empresas transnacionais se fortalecem a ponto de subordinar as economias locais, sobretudo debilitando os Estados, que aparecem cada vez mais impotentes para levar adiante projetos de desenvolvimento a serviço de suas populações (II,19).

---

sobre o Brasil, mas apresentou a sua posição: "Temos muito claro que o que está se preparando aqui é um golpe, aquilo que chamamos de golpe branco", disse. "Esses golpes brancos já foram colocados em prática em países como Honduras e Paraguai. Agora, a mesma metodologia que não necessita de Forças Armadas está se utilizando aqui no Brasil" (Fonte: < http://politica.estadao.com.br/noticias/geral,nobel-da-paz-diz-que-papa-francisco-acompanha-com-preocupacao-crise-politica-no-brasil,10000032337 >. Acesso em: 04 dez. 2017).

V. Referências à América Latina

Nos discursos do Papa aos líderes dos movimentos populares dois personagens políticos latino-americanos foram considerados: Evo Morales, presidente da Bolívia e Jose Mujica, ex-presidente do Uruguai. Isso também deve ser interpretado em seus múltiplos sentidos.

A ajuda aos pobres, as políticas sociais, a educação e a saúde foram o núcleo de cordiais conversas que aconteceram no Vaticano entre o Papa Francisco e o presidente Evo Morales, que é reconhecido também pelo fato de dar centralidade às diversas etnias que compõem o povo boliviano.[13] Sob sua liderança, a Bolívia vive a experiência inovadora do chamado "estado plurinacional" (um estado unitário social de direito plurinacional comunitário, livre, independente, soberano, democrático, intercultural, descentralizado e com autonomias), implantado no país a partir de uma mudança na Constituição, com um referendo popular, em 2009. Os trinta e seis povos originários (que viviam na Bolívia antes da chegada dos europeus), passaram a ter participação ampla efetiva em todos os níveis do poder estatal e na economia. A Constituição prevê que o país passa a ter uma cota para parlamentares oriundos dos povos indígenas, que também começaram a ter propriedade exclusiva sobre os recursos florestais e direitos sobre a terra e os recursos hídricos de suas comunidades. Os poderes públicos têm representação direta das nações indígenas originárias e dos campesinos. A mudança da "República da Bolívia" para "Estado Plurinacional da Bolívia" não é somente uma questão semântica ou

---

[13] Tanto em 2016 quanto em 2017, Francisco e Evo Morales tiveram encontros para tratar de temas de mútuo interesse.

literária. Trata-se de uma profunda mudança no país: uma nova forma de entender a unidade e a cooperação na diversidade dos povos.

Por sua vez, no 3º Encontro Mundial dos Movimentos Populares a presença do ex-presidente do Uruguai, Pepe Mujica, conhecido pela simplicidade e pela coerência entre palavras e ações, foi marcante.

Mujica falou sobre a crise da democracia representativa, "sequestrada" pelos grandes poderes que a esvaziam de conteúdo, acabando por usá-la a despeito dos setores populares. E chamou a atenção para o fato de que trinta e duas pessoas detêm tanta riqueza quanto 300 milhões na América Latina, e que esta situação produz uma "concentração do poder político" com decisões dos governos "que favorecem os que acumulam", num processo que "desacredita os sistemas políticos e faz o povo começar a dar as costas aos sistemas políticos representativos".

Para o ex-presidente uruguaio, há necessidade de mudanças profundas na cultura que favorece os valores individuais em detrimento dos bens coletivos: "Não se pode construir uma cultura solidária a partir de valores capitalistas".

Francisco saudou Mujica e, se referenciando ao discurso do ex-presidente, falou da necessidade da grande política, da democracia participativa e dos riscos representados pelo uso da política como profissão e não como paixão: "Quem quiser fazer dinheiro com a política", disse, "por favor, não se meta na política" (III,21). E num recado ao carreirismo religioso completou: "e também não se meta no seminário..." (III,21).

Foi um encontro no qual Francisco insistiu na necessidade de os movimentos sociais se articularem num projeto para "refundar as democracias" e a não se conformarem a serem "agentes secundários, ou pior, a meros administradores da miséria existente" (III,19).

VI. As propostas de Francisco

Francisco reconhece que "nem o papa nem a Igreja têm o monopólio da interpretação da realidade social e da proposta de soluções para os problemas contemporâneos" (II,14), mas propõe uma economia de inspiração cristã:

> Uma economia verdadeiramente (...) comunitária deve garantir aos povos dignidade, prosperidade e civilização em seus múltiplos aspectos. Isto envolve os "3 Ts",[14] mas também acesso à educação,

---

[14] Recentemente, o Papa Francisco incorporou outros 3 Ts: "Outro contributo importante dos trabalhadores para o desenvolvimento sustentável consiste em evidenciar uma tríplice conexão, um segundo jogo de 3 'Ts': desta vez, entre trabalho, tempo e tecnologia. No respeitante ao tempo, sabemos que a contínua aceleração das mudanças e a intensificação dos ritmos de vida e de trabalho, que alguns denominam 'rapidación', não favorecem o desenvolvimento sustentável, nem sequer a sua qualidade. Sabemos também que a tecnologia, da qual recebemos muitos benefícios e tantas oportunidades, pode impedir o desenvolvimento sustentável, quando é associada a um paradigma de poder, domínio e manipulação. No contexto atual, conhecido como a quarta revolução industrial, caraterizado por esta 'rapidação' e pela sofisticada tecnologia digital, pela robótica e pela inteligência artificial, o mundo tem necessidade de vozes como a vossa. São os trabalhadores que, na sua luta pela justa jornada de trabalho, aprenderam a enfrentar uma mentalidade utilitarista, de breve alcance e manipuladora. Para esta mentalidade, não importa se existe degradação social e ambiental; não importa o que se usa e o que se descarta; não importa se há trabalho forçado de crianças ou se o rio de uma cidade é poluído. A única coisa que importa é o lucro imediato. Tudo se justifica em função do deus dinheiro. Dado que muitos de vós contribuístes no passado para combater esta patologia, hoje ocupais uma boa posição para a poder corrigir no futuro. Peço-vos que enfrenteis esta difícil temática e que nos mostreis, segundo a vossa missão profética e criativa, que é possível uma cultura do encontro e do cuidado. Hoje já não está em jogo apenas a dignidade de quem tem uma ocupação, mas a dignidade do trabalho de todos e da casa de todos, a nossa Mãe Terra" (Fonte: Mensagem do Papa Francisco por ocasião da Conferência Internacional

à saúde, à inovação, às manifestações artísticas e culturais, à comunicação, ao desporto e à recreação (II,15).

É também lutar contra as causas estruturais da pobreza, a desigualdade, a falta de trabalho, a terra e a casa, a negação dos direitos sociais e laborais (I,6).

Francisco propõe algumas pistas para uma radical mudança no sistema global, a retirar o protagonismo do dinheiro. Nesse sentido, sugere três tarefas às forças populares que pulsam no seio da sociedade. Em primeiro lugar, colocar a economia a serviço dos povos, ou seja, uma justa distribuição dos frutos da terra e do trabalho só é possível "quando Estado e organizações sociais assumem juntos a missão dos '3 Ts' [e] ativam-se os princípios de solidariedade que permitem construir o bem comum numa democracia plena e participativa" (II,17).

Em segundo lugar, a tarefa é unir povos no caminho da paz e da justiça. Para tanto, é preciso enfrentar o colonialismo:

Novo e o velho, que reduz os países pobres a meros fornecedores de matérias-primas e mão de obra barata, gera violência, miséria, migrações forçadas e todos os males que vêm juntos, precisamente porque, ao pôr a periferia em função do centro, lhes nega o direito a um desenvolvimento integral. Isto é desigualdade, e a desigualdade gera violência que nenhum processo policial, militar ou dos serviços secretos será capaz de deter (II,20).

Aqui, há uma contundente crítica às políticas armamentista e imperialista que em pleno século XXI ainda dominam

---

sobre o Trabalho, com o tema: "Da *Populorum Progressio* à *Laudato Si*'", em 23 de novembro de 2017. Disponível em: < http://w2.vatican.va/content/ francesco/pt/letters/2017/documents/papa-francesco_20171123_lettera- -turkson-encicliche.html >. Acesso em: 10 dez. 2017.

no concerto das nações os debates impostos por países ricos e desenvolvidos.

> Nenhum poder efetivamente constituído tem o direito de privar os países pobres do pleno exercício da sua soberania e, quando o fazem, vemos novas formas de colonialismo que afetam seriamente as possibilidades de paz e de justiça, porque "a paz funda-se não só no respeito pelos direitos do homem, mas também no respeito pelo direito dos povos, sobretudo o direito à independência" (II,17-18).

Por fim, Francisco sugere mais um desafio, que é a defesa da Mãe Terra, a principal de todas as tarefas. O papa denuncia a fragilidade e a ineficácia das cúpulas e conferências internacionais sobre o clima e o meio ambiente que não redundaram em alterações efetivas com vistas a reverterem os inúmeros ataques à natureza produzidos por um sistema que "impôs a lógica do lucro a todo o custo, sem pensar na exclusão social nem na destruição da natureza" (II,7). Francisco citou na *Laudato Si'*, encíclica que deixa clara as relações imbricadas entre exclusão social e destruição da natureza:

> Entre os componentes sociais da mudança global, incluem-se os efeitos laborais dalgumas inovações tecnológicas, a exclusão social, a desigualdade no fornecimento e consumo da energia e doutros serviços, a fragmentação social, o aumento da violência e o aparecimento de novas formas de agressividade social, o narcotráfico e o consumo crescente de drogas entre os mais jovens, a perda de identidade. São alguns sinais, entre outros, que mostram como o crescimento nos últimos dois séculos não significou, em todos os seus aspectos, um verdadeiro progresso integral e uma melhoria da qualidade de vida. Alguns destes sinais são ao mesmo tempo sintomas duma verdadeira degradação social, duma

silenciosa ruptura dos vínculos de integração e comunhão social (*Laudato Si'*, n. 46).[15]

Portanto, há que se construir uma nova economia de inspiração cristã, baseada no conceito do "bem viver" que: "Deve criar as condições para que cada pessoa possa gozar de uma infância sem privações, desenvolver os seus talentos durante a juventude, trabalhar com plenos direitos durante os anos de atividade e ter acesso a uma digna aposentadoria na velhice" (II,15).

---

[15] PAPA FRANCISCO. *Laudato Si'*, Carta encíclica do Papa Francisco, sobre o cuidado com a casa comum. Disponível em: < http://w2.vatican.va/content/francesco/pt/encyclicals/documents/papa-francesco_20150524_enciclica-laudato-si.html >. Acesso em: 05 dez. 2017.

A problemática do medo e da mudança social no discurso do Papa Francisco

WILLIAM CESAR CASTILHO PEREIRA*

I. Preâmbulo

A finalidade fundamental deste artigo é a de circunscrever a questão do medo com as propostas de mudanças sociais nos discursos do Papa Francisco durante os três Encontros Mundiais dos Movimentos Populares.[1] O eixo principal do discurso do papa nesses três acontecimentos girou sobre o tripé: a terra, o trabalho e o teto. Estavam presentes distintos representantes de movimentos sociais de diferentes continentes, além de um número considerável de bispos, agentes de pastoral de diversos credos religiosos.

A metodologia praticada nas três jornadas foi a cultura do encontro, próxima da educação popular, tão cara dos anos 1960. O trabalho coletivo de oficinas pautou-se no conhecimento da realidade, na análise de conjuntura e na construção de estratégias de ação.

---

* Psicólogo clínico e analista institucional; doutor pela UFRJ e professor aposentado da PUC Minas. Assessor do Departamento de Vocações e Ministérios do CELAM. Autor de diversos livros e artigos.

[1] I Encontro, Vaticano, 2014; II Encontro, Bolívia, 2015; III Encontro, Vaticano, 2016.

Os protagonistas debateram os efeitos mortíferos do neoliberalismo e da cultura consumista que penetraram nos mais íntimos tecidos sociais e subjetivos[2] da espécie humana e constataram duas grandes forças antagônicas que rondam os grupos sociais e as pessoas: o medo e as propostas de mudanças. A intensão desse texto é rever os dois conceitos e problematizá-los à luz dos discursos do Papa Francisco.

---

[2] O sentido do termo "subjetividade", aqui usado, baseia-se nas teorias de Félix Guattari que, inicialmente, recomendam dissociar os conceitos de indivíduo e de subjetividade. Para ele, os indivíduos são o resultado de uma produção de massa: "o indivíduo é serializado, registrado, modelado". A subjetividade não é passível de totalização. Ela se configura numa forma aberta, repleta da multiplicidade dos agenciamentos, já que "está em circulação nos conjuntos sociais de diferentes tamanhos: ela é essencialmente social, e assumida e vivida por indivíduos em suas existências particulares. O modo pelo qual os indivíduos vivem essa subjetividade oscila entre dois extremos: uma relação de alienação e opressão, na qual o indivíduo se submete à subjetividade tal como a recebe, ou uma relação de expressão e de criação, na qual o indivíduo se reapropria dos componentes da subjetividade, produzindo um processo que eu chamaria de singularização" GUATTARI, Félix; ROLNIK, Suely. *Micropolítica: cartografia do desejo*. Petrópolis: Vozes, 1986. p. 31-33. Ainda sobre o conceito de subjetividade, Guattari mostra que "a produção de subjetividade constitui matéria-prima de toda e qualquer produção. As forças sociais que administram o capitalismo hoje entendem que a produção de subjetividade talvez seja mais importante que qualquer outro tipo de produção, mais essencial até que o petróleo e as energias, visto produzirem esquemas dominantes de percepção do mundo". GUATTARI; ROLNIK, op. cit., p. 40.

II. O desamparo e o medo

Freud postulava que o desenvolvimento da afetividade/ sexualidade humana passa por um obscuro caminho que parte das funções biológicas, da ordem da necessidade e, posteriormente, dela se desvia, passando a ser denominada pulsão e gerando um conjunto de sensações, imagens e fantasias da ordem do desejo em busca da realização.

Toda criança começa a dar os primeiros passos de sua vida afetivo-sexual em total dependência de um outro, marcando com isso uma condição estrutural de desamparo fundamental. Nesse início, só lhe é possível desenvolver a afetividade/sexualidade através da interação com o corpo de sua mãe. Não há vida humana sem relação. O bebê, nosso filhote humano, encontra alguém, que em nossa cultura chama-se mãe, para auxiliá-lo na busca de alimentos e atender à sua necessidade de aplacar a fome, oferecendo-lhe o seio repleto de leite.

Mas a mãe humana, por pertencer a uma cultura e possuir os equipamentos simbólicos da linguagem, não oferece somente leite a esse bebê. Ela fornece-lhe, paralelamente, carícias erógenas. O território materno, o seio, não somente é capaz de encher de leite o estômago da criança (ordem da necessidade, do corpo), mas, sobretudo, de nutri-la da relação amorosa, da libido (ordem do gratuito prazer, da pulsão, do desejo, da corporeidade[3]) que gera segurança, ternura, afeto e sensualidade, sempre com um gosto de "quero mais",

---

[3] Chamamos de corpo as complexas dimensões biológicas, fisiológicas, químicas, físicas que atravessam os órgãos e tecidos do organismo humano. A corporeidade, por sua vez, é a experiência vivida do corpo como realidade fenomenológica.

de forma prazerosamente insaciável. Essa função é denominada maternagem e pode ser realizada por qualquer pessoa, mesmo que não seja a mãe biológica, e independentemente de sexo, idade ou vínculo de parentesco com a criança.

Nos primeiros meses de vida, a criança experimenta uma situação de puro desamparo original, uma experiência indiferenciada, de profundo caos. São sensações de emasculação, de fragilidade, de desmembramento, de desagregação, ou seja, de *medo*. A sensação estranha do eu despedaçado é aquilo que nos é mais familiar, pois foi uma vivência. A imagem do corpo despedaçado é profundamente angustiante para o recém-nascido, cuja demanda emergente é um amparo seguro, visando a apaziguar *o estado de caos, ou seja, a experiência de medo*. Esse estranhamento é a louca da nossa casa, como dizia Pascal.[4] É a loucura que ronda o dia a dia e está adormecida, pronta para criar ou destruir. As crianças manifestam fantasias fragmentadas quando brincam, isoladas ou entre si, de arrancar a cabeça ou furar a barriga das bonecas. Já os adolescentes encontram, nos ritos de tatuagem e na incisão de seus corpos, a forma de reviver sua dispersão e mutilação inicial corporal. O adulto, por sua vez, experimenta, recorrentemente, essa sensação através do medo da loucura: *o medo de mudança*. O medo enquanto superação da dependência, ou a busca de autonomia, articulando os afetos e a esfera política. Como dizia Thomas Hobbes: "De todas as paixões, a que menos faz os homens tender a violar as leis é o medo. Mais: excetuando algumas

---

[4] PASCAL, Pensées. *Oeuvres Completes*. Paris: Gallimard, 1951, p. 1221.

naturezas generosas, é a única coisa que leva os homens a respeitá-las".[5]

Nessa perspectiva freudiana e hobbesiana, podemos nos perguntar: como a sociedade se organiza? De que maneira as instituições sociais circulam e criam estratégias que utilizam os afetos enquanto produção do medo, visando ao aumento do desamparo das pessoas e dos grupos sociais? Assim, a vida humana pode produzir dispositivos fraternos de amparo ou dispositivos de invasão, de agressão, de violação aos direitos e desrespeito aos predicados de cada cidadão. A cultura do medo ou do desamparo (desafeto) está intrinsicamente relacionada com a dimensão da organização política dos grupos humanos. Quanto mais reduzirmos os grupos humanos em estruturas familiaristas arcaicas e primitivas, mais teremos pessoas dependentes e dominadas pelo desamparo fóbico. A organização política afugenta o medo. O que é a política? Para Hannah Arendt:

> A coisa política entendida nesse sentido grego está, portanto, centrada em torno da liberdade, sendo liberdade entendida negativamente como o não-ser-dominado e não dominar, e positivamente como um espaço que só pode ser produzido por muitos, onde cada qual se move entre iguais. Sem esses outros que são meus iguais não existe liberdade alguma e por isso aquele que domina outros e, por conseguinte, é diferente dos outros em princípios, é mais feliz e digno de inveja que aqueles a quem ele domina, mas não é mais livre em coisa alguma.[6]

---

[5] HOBBES, Thomas. *Leviatã*. Trad. João Paulo Monteiro e Maria Beatriz N. da Silva. São Paulo: Martins Fontes, 2003, p. 253.

[6] ARENDT, Hannah. *O que é política?* Rio de Janeiro: Bertrand Brasil, 1998, p. 48-49.

III. Desamparo enquanto emancipação social

Para o sujeito humano se tornar independente, é necessário realizar a ruptura com o modelo de dependência infantil: pais da infância, pai castigador Deus, pai Estado populista/totalitário, pai patrão, pai latifundiário e tantos outros pais...

Se, de um lado, essa primeira ruptura possibilitou ao sujeito um enorme amparo, por outro lado, essa atitude impediu o ser humano de atuar como um verdadeiro ator, ativo e participativo, na construção de seu cotidiano.

Há necessidade de se conceber essa ruptura como meio e não como fim, de modo a recolher dela os seus incontestáveis ensinamentos, sem renunciar à exigência de romper com ela em favor da construção de um novo poder de dominação, nesse caso, a formação reativa.

Portanto, realizar a primeira ruptura, não desconhecendo o desamparo, e a segunda ruptura, enquanto afirmação do desamparo que se encontra na emancipação política, faz com que o desamparo não seja algo contra o qual se luta, mas algo que se afirma positivamente.[7]

Papa Francisco nos adverte da paralisia do medo e do imobilismo diante do conflito. Todo conflito exige ruptura e instaura a crise. Toda crise busca algo afirmativo e oportuniza ações.

Não devemos permanecer paralisados pelo medo, mas nem sequer viver aprisionados no conflito. É necessário reconhecer o perigo, e também a oportunidade que cada crise pressupõe para

---

[7] SAFATLE, Vladimir. *O circuito dos afetos: corpos políticos, desamparo e o fim do indivíduo*. Belo Horizonte: Autentica Editora, 2016, p. 18.

progredir rumo a uma síntese superadora. Na língua chinesa, que exprime a sabedoria ancestral daquele grande povo, a palavra crise é formada por estes dois ideogramas: Wēi, que representa o perigo; e Jī, que representa a oportunidade.[8]

Vivências de poder equivocadas podem gerar falta de liberdade e produzir fragilidade entre os membros de uma organização. Por outro lado, a consciência do desamparo gera a emancipação, sobretudo, quando somos capazes de manejar, minimamente, a angústia diante das mudanças. O desamparo, enquanto angústia de mudança, cria desejos de vínculos. O reconhecimento do desamparo produz entre os desamparados (excluídos) contingências de mudanças. Ao contrário, o medo, enquanto produtor de isolamento (resistência a vínculos), provoca atitudes infantis, dissemina a fragmentação, a culpa e as formas regressivas de violência entre os irmãos.

O medo anabolizado amplifica o estado de alerta, demonstra o receio de se fazer algo e de se sentir ameaçado por se expressar com liberdade. O medo também produz a inibição, que se manifesta através do desânimo, da apatia, do desinteresse pelo coletivo. O medo produz pessoas frágeis e, frequentemente, murmurantes. Pode gerar desconfianças, oposicionismos e fugas. Em quadros de ansiedade, quando o indivíduo teme, antecipadamente, o encontro com determinadas situações ou pessoas, amplifica a impotência.

---

[8] PAPA FRANCISCO. Mensagem do Papa Francisco aos participantes do encontro de Movimentos Populares – Califórnia, fevereiro de 2017. Disponível em: < https://w2.vatican.va/content/francesco/pt/messages/pont-messages/2017/documents/papa-francesco_20170210_movimenti-popolari-modesto.html >.

O extremo estado de pobreza e vulnerabilidade socioeconômica favorece o alto índice de medo e insegurança durante o desenvolvimento da infância e em períodos de formação de jovens e de adultos. Quem lucra com a disseminação do medo e a insegurança das pessoas? Quem ganha com a passividade dos mais frágeis econômica e socialmente? Papa Francisco classifica essa relação como escândalo da pobreza, sobretudo, porque ela é produzida por estratégias de domesticação aos mais pobres.

Não se pode enfrentar o escândalo da pobreza promovendo estratégias de contenção que só tranquilizam e transformam os pobres em seres domesticados e inofensivos. Como é triste ver que, por detrás de presumíveis obras altruístas, o outro é reduzido à passividade, é negado ou, ainda pior, escondem-se negócios e ambições pessoais: Jesus defini-los-ia como hipócritas. Mas como é agradável quando se veem em movimento povos e, sobretudo, os seus membros mais pobres e os jovens. Então, sim, sente-se o vento de promessa que reacende a esperança de um mundo melhor. Que este vento se transforme em furacão de esperança. Eis o meu desejo (I,7).

IV. Os três significantes: terra, teto e trabalho

A participação do Papa Francisco nos três Encontros Mundiais dos Movimentos Sociais foi extremamente decisiva. Na avaliação de seus coordenadores o papa sintetizou em seu discurso grande parte da realidade em que vivem os camponeses, os sem-terra, os moradores urbanos sem teto e a massa de desempregados em vários continentes. A clareza e a contundência de suas palavras não admitiram dúbias interpretações e confirmaram sua opção preferencial aos mais explorados deste planeta.

A *Evangellii Gaudium* foi o texto referencial do líder religioso e serviu de material de estudo dos participantes durante todos os três congressos. Os significantes terra, teto e trabalho evidenciaram-se como trilogia fundamental de todo ser humano. Sem essa trindade, não há vida humana.

Quanto ao primeiro, a *terra*, Francisco congratulou-se com os camponeses guardiães da terra e continuadores da obra de criação de Deus. Condenou o latifúndio, o agronegócio, o desmatamento, a utilização inadequada dos agrotóxicos e a poluição dos rios. Reprovou veemente as consequências de tudo isso, como o processo de expulsão dos trabalhadores do campo e, por contrabando, a marcha do desenraizamento de famílias na longa caminhada dos emigrantes urbanos em vários países.

Quanto ao segundo, o *teto*, uma casa para cada família, Francisco sublinhou o grave crime de especulação imobiliária nos centros urbanos e as construções apartadas ou áreas de segregação racial, econômica e cultural entre os habitantes das grandes cidades.

a) Família e casa andam de mãos dadas

Nunca se deve esquecer que Jesus nasceu num estábulo, porque não havia lugar nas estalagens, que a sua família teve de abandonar a própria casa e fugir para o Egito, perseguida por Herodes. Hoje, há tantas famílias sem casa, porque nunca a tiveram ou porque a perderam por diversos motivos. Família e casa caminham juntas! Mas um teto, para que seja um lar, deve ter também uma dimensão comunitária: o bairro, e é precisamente no bairro que se começa a construir esta grande família da humanidade, a partir daquilo que é mais imediato, da convivência com a vizinhança (I,9).

b) A cidade partida

Hoje vivemos em cidades imensas que se mostram modernas, orgulhosas e até vaidosas. Cidades que oferecem numerosos prazeres e bem-estar para uma minoria feliz, mas negam uma casa a milhares de vizinhos e irmãos nossos, até crianças, e chamamos-lhes, elegantemente, de "pessoas sem abrigo". É curioso como são abundantes os eufemismos no mundo das injustiças. Não se usam as palavras exatas, e procura-se a realidade no eufemismo. Uma pessoa, uma pessoa segregada, é uma pessoa excluída, que está a sofrer devido à miséria, à fome, é uma pessoa desabrigada; expressão elegante, não é? Procurai sempre, poderia estar errado em alguns casos, mas, em geral, por detrás de um eufemismo esconde-se um delito (I,9-10).

c) O neoliberalismo de consumo urbano

Vivemos em cidades que constroem torres, centros comerciais, fazem negócios imobiliários, mas abandonam uma parte de si às margens, nas periferias. Como faz mal ouvir que as povoações pobres são marginalizadas ou, pior ainda, que as querem deslocar! São cruéis as imagens dos despejos, das gruas que abatem barracas, imagens tão parecidas com as da guerra. E hoje vê-se isto (I,10).

O terceiro significante, o *trabalho*, foi profundamente analisado por Francisco. Para o papa o roubo de oportunidade de trabalhar é aviltante e humilhante. Para ele, o desemprego é produzido pelo sistema neoliberal que enxerga o lucro como obsessão. São gerações imensas privadas de potencializar suas habilidades, criatividades e predicados humanos.

d) Privação do pão nosso de cada dia

Não existe pior pobreza material – faço questão de o frisar – do que aquela que não permite que se ganhe o pão e priva da dignidade do trabalho. O desemprego juvenil, a informalidade e a falta de direitos laborais não são inevitáveis; são o resultado de uma prévia opção social, de um sistema econômico que põe os benefícios acima do homem, se o benefício é econômico, acima da humanidade ou do homem; são efeitos de uma cultura do descarte que considera o ser humano como um bem de consumo, que se pode usar e depois jogar fora (I,11).

e) Cultura do descarte ou a produção dos "sobrantes"

Hoje, ao fenômeno da exploração e da opressão soma-se uma nova dimensão, um aspecto gráfico e duro da injustiça social; os que não se podem integrar, os excluídos, são descartados, "a demasia". Esta é a cultura do descarte, e sobre este ponto gostaria de acrescentar algo que não tenho aqui escrito, mas que me veio agora à mente. Isto acontece quando no centro de um sistema econômico está o "deus dinheiro" e não o homem, a pessoa humana. Sim, no centro de cada sistema social ou econômico deve estar a pessoa, imagem de Deus, criada para que seja o denominador do universo. Quando a pessoa é deslocada e chega o "deus dinheiro", dá-se esta inversão de valores (I,11).

V. Francisco: semeador de mudança social

A palavra de ordem do discurso do Papa Francisco durante os três eventos aos participantes do Encontro Mundial dos Movimentos Sociais foi "processo de mudança". Centenas de vezes, o líder religioso reafirmou e contrapôs o desejo de mudança ao medo e à indiferença social. Para ele, o medo e o desespero alojaram-se nos corações das pessoas, roubando a alegria de viver e a esperança de utopias ativas.

A primeira posição do papa foi constatar entre os participantes um grande anseio de mudanças.

Hoje, quero refletir convosco sobre a mudança que queremos e precisamos. Como sabem, recentemente escrevi sobre os problemas da mudança climática. Mas, desta vez, quero falar de uma mudança em outro sentido. Uma mudança positiva, uma mudança que nos faça bem, uma mudança – poderíamos dizer – redentora. Porque é dela que precisamos. Sei que buscais uma mudança e não apenas vós: nos diferentes encontros, nas várias viagens, verifiquei que há uma expectativa, uma busca forte, um anseio de mudança em todos os povos do mundo. Mesmo dentro da minoria cada vez mais reduzida que pensa sair beneficiada deste sistema, reina a insatisfação e sobretudo a tristeza. Muitos esperam uma mudança que os liberte desta tristeza individualista que escraviza (II,7-8).

A segunda exortação de Francisco aos participantes foi de conclamar o protagonismo político e a capacidade de organização dos diversos setores dos excluídos da sociedade.

Que posso fazer eu, recolhedor de papelão, catador de lixo, limpador, reciclador, diante de tantos problemas, se mal ganho o necessário para me alimentar? Que posso fazer eu, artesão, vendedor ambulante, carregador, trabalhador irregular, se não tenho sequer direitos trabalhistas? Que posso fazer eu, camponesa, indígena, pescador, que dificilmente consigo resistir à propagação das grandes corporações? Que posso fazer eu, a partir da minha comunidade, do meu barraco, da minha cidade, da minha favela, quando sou diariamente discriminado e marginalizado? Que pode fazer aquele estudante, aquele jovem, aquele militante, aquele missionário que atravessa as favelas e os paradeiros com o coração cheio de sonhos, mas quase sem nenhuma solução para os seus problemas? Muito! Podem fazer muito. Vós, os mais humildes, os explorados, os pobres e os excluídos, podeis e fazeis muito. Atrevo-me a dizer que o futuro da humanidade está, em grande medida, nas vossas mãos, na vossa capacidade de vos organizar e promover alternativas criativas na busca diária dos "3 Ts" (terra, teto e trabalho), e também na vossa participação como protagonistas nos grandes processos de mudança nacionais, regionais e mundiais. Não se acanhem! (II,9).

Para Francisco, a Igreja não pode ficar alheia a essas mudanças. Fez questão de sugerir um pacto entre a hierarquia, os cristãos e os movimentos sociais. Essa aliança marcaria o anúncio do Evangelho com o fortalecimento político dos movimentos sociais.

> A Igreja não pode nem deve estar alheia a este processo no anúncio do Evangelho. Muitos sacerdotes e agentes pastorais realizam uma grande tarefa acompanhando e promovendo os excluídos de todo o mundo, ao lado de cooperativas, dando impulso a empreendimentos, construindo casas, trabalhando abnegadamente nas áreas da saúde, desporto e educação. Estou convencido de que a cooperação amistosa com os Movimentos Populares pode fortalecer estes esforços e os processos de mudança (II,13).

VI. Francisco: um destemido opositor da globalização

Há um acontecimento que ronda, hoje, a Igreja Católica – o Papa Francisco. Chamo de acontecimento a algo que tem a força de colocar situações em movimento. Em sua presença junto aos três Encontros Mundiais dos Movimentos Populares e na sua Exortação apostólica *Evangelii Gaudium*, com seu modo simples de falar, desprovido de temor, ele convoca a Igreja a uma verdadeira conversão pastoral e política. Superando o medo, a covardia moral e o comodismo, a Igreja deve se colocar "em saída" – "envolver-se", de modo que os evangelizadores contraiam o "cheiro de ovelha", e as ovelhas escutem a sua voz.[9]

---

[9] PAPA FRANCISCO. *Evangelii Gaudium: a alegria do Evangelho.* São Paulo: Paulinas, 2014, n. 24.

Igreja em saída: para onde? Corro o risco de apontar pelo menos três opções, fruto da reflexão desse texto: as lutas direcionadas à terra, ao teto e ao trabalho.

Refiro-me àquilo que mais define o ser humano: o direito à terra, à moradia e à profissão. E, mais uma vez, sublinho o corajoso apelo do Papa Francisco: "Prefiro uma Igreja acidentada, ferida e enlameada por ter saído pelas estradas, a uma Igreja enferma pelo fechamento e a comodidade de se agarrar às próprias seguranças".[10] A metáfora de Francisco aponta para as estradas acidentadas e enlameadas da sociedade pós-moderna, não para os caminhos conquistados (Direitos Humanos) da antiga Modernidade, onde o risco de não se ferir e ser violentado era um pouco mais previsível. Vivemos em outro paradigma do medo. Com a globalização, tudo é desconhecido e assustador. Experimentamos cada vez mais uma realidade indefensável com o Estado mínimo, a sociedade midiática e a fluidez das instituições.

Numa entrevista concedida à revista dos jesuítas, o Papa Francisco cunhou uma metáfora significativa para falar da Igreja em saída, ou seja, para falar da ação dos discípulos missionários. Afirmou:

> Vejo com clareza que aquilo de que a Igreja mais precisa hoje é a capacidade de curar as feridas e de aquecer o coração dos fiéis, a proximidade. Vejo a Igreja como um hospital de campanha depois de uma batalha. É inútil perguntar a um ferido grave se tem o colesterol ou o açúcar alto. Devem curar-se as suas feridas. Depois podemos falar de tudo o resto. Curar as feridas, curar as feridas... E é necessário começar de baixo.[11]

---

[10] Ibid., n. 49.

[11] *La Civitá Cattolica*, ago./set. 2013, p. 127. Disponível em: < www.broteria. pt/.../101-entrevista-exclusiva-do-papa-francisco-as-revistas-dos-jesuitas. La civiltá Cattolica. Agosto/setembro. 2013 > .

Em uma das viagens que o Papa Francisco fez, marcou muito a da ilha de Lampedusa, território italiano no Mar Mediterrâneo, para denunciar a globalização da indiferença diante da morte cruel de tantos migrantes, para quem o mar se tornava sepulcro, sem ter quem os chorasse:

> Quem é o responsável por este sangue? Todos e ninguém! Quem é o responsável pelo sangue destes irmãos e irmãs? Ninguém! Todos nós respondemos assim: não sou eu, não tenho nada a ver com isso; serão outros, eu, certamente, não. Mas Deus pergunta a cada um de nós: "Onde está o sangue do teu irmão que clama até a mim?".[12]

Francisco deu uma pista para a resposta:

> A cultura do bem-estar, que nos leva a pensar em nós mesmos, torna-nos insensíveis aos gritos dos outros, faz-nos viver como se fôssemos bolas de sabão: estas são bonitas mas não são nada, são pura ilusão do fútil, do provisório. Esta cultura do bem-estar leva à indiferença a respeito dos outros; antes, leva à globalização da indiferença. Neste mundo da globalização, caímos na globalização da indiferença. Habituamo-nos ao sofrimento do outro, não nos diz respeito, não nos interessa, não é responsabilidade nossa![13]

VII. Conclusão

Para concluir, eis algumas teses elaboradas a partir dos dois conceitos, o medo e a mudança social:

---

[12] PAPA FRANCISCO. Homilia missa salina, Lampedusa. 8 jul. 2013. Disponível em: < https://w2.vatican.va/content/francesco/pt/homilies/2013/documents/papa-francesco_20130708_omelia-lampedusa.html >.

[13] Ibid.

1. As instituições são dispositivos que podem produzir subjetividades humanas: fraternas ou egocêntricas. Como também sujeitos que acreditam em mudanças ou se amordaçam pelo medo.

2. O projeto de Francisco é o de cuidar da ecologia natural (terra), humana (teto) e social (trabalho), através do exercício do poder, para que se formem pessoas, e não o que a sociedade neocapitalista deseja: indivíduos em "miniaturas", obedientes, passivos, dependentes, subservientes ou avarentos.

3. O lugar do poder protagonizado pelos movimentos sociais pode se tornar um excelente dispositivo de novos processos de subjetivação de sujeitos autônomos, livres, responsáveis e criativos.

4. O desamparo deve ser tomado como positividade: não negado, nem tão pouco amedrontador, mas que favoreça novas práticas e organizações de mudanças sociais.

O Papa Francisco
e os Movimentos Populares

A necessidade de uma nova mentalidade para buscar justiça social

CELSO PINTO CARIAS[*]

Introdução

O Papa Francisco tem surpreendido o mundo e a Igreja pela sua grande sensibilidade em torno de questões-chave para construir uma sociedade em que a dignidade humana seja garantida, se não para todos, pelo menos para a maioria dos seres humanos. Não é tarefa fácil, tendo em vista o conjunto de forças antagônicas que constituem a organização da vida em sociedade em nossos dias.

A filósofa Adela Cortina indica que, para fazer um bom discernimento quanto às questões de justiça, é preciso ter à frente três fatores que sempre estarão em jogo: a) Não há *recursos* infinitos no planeta. Matéria-prima pode se esgotar; b) Há *conflito* de interesses, isto é, as classes sociais não compactuam facilmente por conta de interesses diversificados; c) e, finalmente, não se pode garantir *idoneidade* de todos os

---

[*] Doutor em Teologia pela PUC-Rio, professor de Teologia na PUC-Rio; assessoria nacional das Cebs.

interessados na organização da sociedade.[1] Assim, é uma pretensão um tanto quanto ingênua achar que as mudanças na sociedade acontecerão por um ato de bondade de lideranças políticas bem-intencionadas.

Ora, é exatamente a ausência desse tipo de ingenuidade que tem marcado as posições de Francisco. Além de suas atitudes concretas, como a contínua denúncia em torno da questão migratória, com suas vítimas fatais, o papa tem feito muitos pronunciamentos. Vamos destacar aqui os discursos pronunciados por ele por ocasião dos encontros com participantes do movimento popular, realizados em 2014, 2015 e 2016 respectivamente.

Uma leitura possível dos discursos passa pela necessária mudança de mentalidade que é fundamental para uma real transformação da realidade do mundo de hoje. Portanto, uma abordagem cultural. A cultura são os significados e sentidos que perpassam a vida de um povo. E em nossa leitura dos discursos a questão central que perpassa a todos é o fato de Francisco colocar como eixo o *protagonismo dos excluídos:* "Este encontro dos Movimentos Populares é um sinal, um grande sinal: viestes apresentar diante de Deus, da Igreja e dos povos uma realidade que muitas vezes passa em silêncio. Os pobres não só suportam a injustiça, mas também lutam contra ela!".

Não se contentam com promessas ilusórias, desculpas ou álibis. Sequer estão à espera, de braços cruzados, pela ajuda de ONGs, planos assistenciais ou soluções que nunca chegam, ou que, se chegam, fazem-no de maneira a ir na direção de anestesiar ou do-

---

[1] Cf. CORTINA, Adela. *Ética civil e religião.* São Paulo: Paulinas, 1996, p. 55.

mesticar, o que é bastante perigoso. Vós sentis que os pobres não esperam mais e querem ser protagonistas; (...) (I,5-6).

Vamos acompanhar os discursos naquilo que deve ser observado como uma mudança de mentalidade para atingir a justiça social, concluindo com perspectivas que, embora não estejam citadas diretamente nos discursos, são indicadas claramente.

I. Primeiro encontro

Nesse encontro o papa lança o chamado para atender a três necessidades básicas da vida humana: *terra, teto (casa) e trabalho.* O que tem sido conhecido como os 3 "Ts". Ele afirma:

> Este nosso encontro responde a um anseio muito concreto, a algo que qualquer pai, qualquer mãe, quer para os próprios filhos; um anseio que deveria estar ao alcance de todos, mas que hoje vemos com tristeza cada vez mais distante da maioria das pessoas: terra, casa e trabalho. É estranho, mas, se falo disto para alguns, o papa é comunista. Não se compreende que o amor pelos pobres está no centro do Evangelho. Terra, casa e trabalho, aquilo pelo que lutais, são direitos sagrados. Exigi-lo não é estranho; é a doutrina social da Igreja. Medito sobre cada um deles, porque os escolhestes como palavras de ordem para este encontro (I,7-8).

Vivemos uma situação em que a questão da *terra* ainda é um grande dilema na organização da vida em sociedade. No Brasil, temos assistido a muitos conflitos justamente porque os grandes latifúndios retiram a possibilidade de os pequenos agricultores ficarem em suas propriedades ou adquirirem pequenos sítios para suas plantações. Sabe-se que cerca de 70% de nossa alimentação diária vem da agricultura familiar, e, no entanto, essas famílias são extremamente exploradas. Cerca de 30% de todo o alimento produzido e industrializado vai parar no lixo, sem alimentar uma única pessoa. Por isso, o papa vai falar de uma necessidade fundamental: *reforma agrária*. Citando o Compêndio da Doutrina Social da Igreja, ele diz: "a reforma agrária torna-se, portanto, além de uma necessidade política, uma obrigação moral" (CDSI, n. 300).[2]

Teto. A questão da moradia ainda é, infelizmente, uma questão que está longe de ser resolvida. No Brasil, o programa *Minha Casa Minha Vida* construiu cerca de 2,5 milhões de residências, mas o déficit era de 7 milhões. Portanto, ainda temos um déficit de 4,5 moradias. As cidades se tornaram um grande balcão de negócios. E como diz uma grande urbanista brasileira, Raquel Rolnik: *inclui sem incluir*, pois coloca as famílias em lugares afastados de todos os serviços fundamentais. Mesmo o programa citado deixou a desejar em muitos aspectos. Os bairros periféricos são desprovidos de serviços essenciais e os trabalhadores, muitas vezes, precisam passar horas no transporte público para chegar a seus postos de trabalho. As periferias são uma espécie de "terra sem lei", onde predominam tráfico, milícias e corrupção policial. Assim, constata o bispo de Roma:

> Vivemos em cidades que constroem torres, centros comerciais, fazem negócios imobiliários, mas abandonam uma parte de si às margens, nas periferias. Como faz mal ouvir que as povoações pobres são marginalizadas ou, pior ainda, que as querem deslocar! São cruéis as imagens dos despejos, das gruas que abatem

---

[2] PONTIFÍCIO CONSELHO JUSTIÇA E PAZ. *Compêndio da Doutrina Social da Igreja*. 7. ed. São Paulo: Paulinas, 2011.

barracas, imagens tão parecidas com as da guerra. E hoje vê-se isto (I,10).

Finalmente o *trabalho*. Não poder ganhar o pão para alimentar os filhos é uma das piores experiências que um pai e uma mãe podem viver. Cada vez mais, postos de trabalhos são trocados por máquinas, sem que se procure compensar aqueles e aquelas que ficarão sem emprego. A crise mundial tem forçado as chamadas *reformas trabalhistas*, que não garantem o aumento de postos de trabalho e que sacrificam ainda mais a massa trabalhadora. Como alguém pode afirmar que quinze minutos são suficientes para o tempo de refeição de um trabalhador?

É, como diz o papa, uma indiferença globalizada. Nesse sentido, qualquer pessoa, com o mínimo de sensibilidade humana, deve colocar suas forças a serviço de uma sociedade digna para todos. Ele, então, termina conclamando a continuar perseverante: "continuai a vossa luta, fazei o bem para todos nós".

II. Segundo encontro

Esse encontro, em Santa Cruz de La Sierra, Bolívia, vai ser marcado pela necessidade de *mudança* em muitas instâncias da vida em sociedade. "Precisamos e queremos uma mudança", diz Francisco. Uma mudança nas estruturas geradoras de exclusão social. Usando a expressão de Basílio de Cesareia, ele vai afirmar que o mundo de hoje está fundado sob o *esterco do diabo*.

Sabemos, contudo, que mudar não é fácil. Por isso, o papa vai falar de necessidade de gerar processos, e que o núcleo dessas mudanças deve ser uma *cultura do encontro*.

As pessoas devem estar no centro, e não o lucro. Mas não há receitas prontas. Abrem-se, nesse sentido, três grandes tarefas:

a) "A primeira tarefa é pôr a economia a serviço dos povos" (II,14). Esta economia mata, exclui e destrói a Mãe Terra. Não basta colocar a economia na direção do desenvolvimento. Já está demonstrado, embora não se diga muito, que o desenvolvimento não garante um equilíbrio na distribuição da riqueza e tampouco possui condições de garantir o equilíbrio ecológico.

b) "A segunda tarefa é unir os nossos povos no caminho da paz e da justiça" (II,17). O mundo tem assistido a novas formas de colonialismo, isto é, submetem-se os povos através de um modelo de vida que não se aplica do mesmo modo em todo lugar. Assim, vai se gerando um mecanismo que produz violência, pois o modelo proposto está longe da possibilidade da grande maioria dos povos. O Papa Paulo VI já afirmava há muito tempo: "A paz é fruto da justiça".

c) E "a terceira tarefa, e talvez a mais importante que devemos assumir hoje, é defender a Mãe Terra" (II,22). A casa comum, como ele colocou na *Laudato Si'*. E com um coração de pessoa com grande sensibilidade, diríamos, como o coração de Cristo, ele suplica: "nenhuma família sem teto, nenhum camponês sem terra, nenhum trabalhador sem direitos, nenhum povo sem soberania, nenhuma pessoa sem dignidade, nenhuma criança sem infância, nenhum jovem sem possibilidades, nenhum idoso sem uma digna velhice" (II,23). E termina de modo inusitado, pois sabia que ali se encontravam pessoas de todo tipo: "E peço-vos que rezeis por mim. E, se algum de vós não pode rezar, com respeito, peço-te que me tenha em teus pensamentos e mande-me uma boa 'onda'. Obrigado!".

III. Terceiro encontro

O terceiro encontro amplia o horizonte. Contou, inclusive, com a presença do ex-presidente do Uruguai José Mujica. Estamos no limiar de um novo tempo, embora não saibamos ainda muito bem como ele vai ser configurado. Mas sabemos que não podemos mais ficar subjugados, como diz Francisco, pelo *colonialismo ideológico globalizador*, com suas receitas que não respeitam a identidade dos povos. Tal colonialismo é incapaz de pensar a partir de baixo. Quando o capitalismo entra em crise, sempre se atinge os mais pobres, e nunca se procura compartilhar a riqueza acumulada pelos mais ricos. Mas, para justificar o ataque aos mais pobres, busca-se qualificá-los como escória, como merecedores da violência do sistema por serem, segundo a visão do *status quo*, indolentes, preguiçosos, quiçá criminosos. Portanto, sofrem porque merecem. Tal mentalidade está profundamente arraigada na população em geral.

Vivemos em um sistema terrorista – expressão do papa – que domina através do medo. Medo espalhado em todas as direções, mas as periferias sofrem mais. No Brasil, quem conhece pelo menos um pouco o que significa viver nas periferias, sobretudo nas favelas, sabe muito bem o que é isso.

O medo é alimentado, manipulado... Porque, além de ser um bom negócio para os comerciantes de armas e de morte, o medo debilita-nos, desestabiliza-nos, destrói as nossas defesas psicológicas e espirituais, anestesia-nos diante do sofrimento do próximo e no final torna-nos cruéis (III,11).

Como diz o escritor moçambicano Mia Couto, "há quem tenha medo que o medo acabe". Assim, o sistema incute nas pessoas uma atitude constante de desconfiança do outro, fazendo crescer o ódio e o ressentimento.

Mas é preciso construir pontes, e o material é o AMOR. Amor é um verbo. Amar significa se envolver com as pessoas, entrar nas suas vidas. Falando a um público de diversas religiões e até sem religião, o bispo de Roma lança mão de um exemplo fenomenal de pessoa humana: Jesus Cristo. Lembrando a atitude que ele teve na cura do homem da *mão seca* (Mc 3,1-6), aponta para aquilo que é fundamental na construção de pontes: estabelecer uma sociedade onde as pessoas sintam que são tratadas como gente, portadoras de uma dignidade humana que é um valor em si mesmo. O texto da cura do homem da mão seca recorda que o melhor milagre a fazer é incluir as pessoas na sociedade. Posso não ter uma perna, um braço, ser cego, mas consigo andar com liberdade se as calçadas de minha cidade levam em consideração que as pessoas possuem as mais diversas características, e nenhuma é superior à outra.

> Mas este mundo não permite o desenvolvimento do ser humano na sua totalidade, o desenvolvimento que não se reduz ao consumo, que não se limita ao bem-estar de poucos, que inclui todos os povos e as pessoas na plenitude da sua dignidade, desfrutando fraternalmente da maravilha da criação. Este é o desenvolvimento do qual nós temos necessidade: humano, integral, respeitador da criação, desta casa comum (III,14).

Podemos afirmar que temos hoje a necessidade de um *DECRESCIMENTO*, embora o papa não utilize esta categoria. É uma categoria que alguns poucos economistas têm defendido, entre os quais o francês Serge Latouche.

Vivemos hoje a falência de um sistema político, econômico e cultural, mas estamos à porta do resgate de outro, que, com certeza, caminhará na direção de uma sociedade mais justa e fraterna.

Mas para ir ao encontro desta nova sociedade não podemos ter medo da *política*. Hoje querem desmontar o sistema político, mas sem oferecer alternativas democráticas. Dão margem para tiranias, ditaduras e fascismos. Assim, os poderes se estabelecem com mais facilidade. Aqui precisamos reproduzir um trecho longo do *Terceiro Encontro*, porém de fundamental importância, pois retoma uma visão positiva da política:

> Dar o exemplo e reclamar é um modo de fazer política, e isto leva-me ao segundo tema que debatestes no vosso encontro: a relação entre povo e democracia. Uma relação que deveria ser natural e fluida, mas que corre o perigo de se ofuscar, até se tornar irreconhecível. O fosso entre os povos e as nossas atuais formas de democracia alarga-se cada vez mais, como consequência do enorme poder dos grupos econômicos e mediáticos, que parecem dominá-las. Sei que os Movimentos Populares não são partidos políticos, porque permiti-me vos dizer que, em grande parte, é nisto que se encontra a vossa riqueza, porque exprimis uma forma diferente, dinâmica e vital de participação social na vida pública. Mas não tenhais medo de entrar nos grandes debates, na Política com letra maiúscula, e volto a citar Paulo VI: "A política é uma maneira exigente – mas não é a única – de viver o compromisso cristão a serviço do próximo" (Carta apostólica *Octogesima Adveniens*, 14 de maio de 1971, n. 46). Ou então esta frase, que repito muitas vezes e sempre me confundo, não sei se é de Paulo VI ou de Pio XII: "A política é uma das formas mais altas da caridade, do amor" (III,17-18).

Evidentemente que o caminho não é fácil...

Conclusão

Após a apresentação dos encontros do Papa Francisco com os Movimentos Populares, vamos realizar uma breve conclusão. Evidentemente é a nossa leitura. Indicaremos duas ideias-chave: *cidadania ativa* e *decrescimento*. Nenhuma das duas aparece diretamente nos discursos, mas creio que o leitor perceberá que elas estão perfeitamente incluídas.

Cidadania ativa. O Estado se tornou, predominantemente, um *Estado eleitoreiro,* aqui estou sendo ajudado por Adela Cortina, uma filósofa espanhola já citada neste texto.[3] Então, a opção de muitos, para se manter em governos, tem sido incutir a ideia de *cidadania do consumo,* isto é, a compreensão de que o consumo é garantidor da felicidade. Se há consumo, o governo é bom, se não há, é ruim. E saúde, educação, mobilidade urbana etc.? É o que se convencionou chamar de "estado de bem-estar". Na Europa se chegou a um nível bastante elevado desse chamado *estado de bem-estar,* mas que vem sendo questionado profundamente nos últimos anos por conta da crise econômica. Trata-se de ter "direitos" que se constituem exclusivamente em possuir bens de consumo.

Assim sendo, a responsabilidade política foi praticamente reduzida a eleições. Alguém hoje pode perguntar-se: como um trabalhador, sabendo que sua aposentadoria está seriamente comprometida, não protesta? Ora, como diz Adela, "quem não é tratado como cidadão tampouco se identifica a si mesmo como tal". Consequentemente, abre-se espaço

---

[3] Cf. CORTINA, Adela. *Cidadãos do mundo: para uma teoria da cidadania.* São Paulo: Loyola, 2005; CORTINA, Adela. *Aliança e contrato: política, ética e religião.* São Paulo: Loyola, 2008.

para a discussão em torno da *democracia,* como aparece na última citação do papa neste texto. Assim, em consonância com as ideias de Francisco, afirmamos que o caminho é ir na direção de uma democracia participativa. Sem o aprofundamento desta concepção, estaremos sempre à mercê de aventureiros e aventureiras.

Decrescimento. Na esteira do tipo de cidadania a ser construída, vem a questão do modelo econômico, aqui estou sendo ajudado por Serge Latouche, também já citado, economista francês, professor emérito da universidade de Paris.[4] Como diz Serge,

> todos os governos são, queiram eles ou não, "funcionários" do capital. Os governos ditos de *esquerda* conseguem, no máximo, distribuir melhor a riqueza, mas não alteram a concentração do capital nas mãos de poucos. O modelo desenvolvimentista já se demonstrou completamente ineficaz quando o assunto é preservar a natureza. Por isso, é uma contradição falar em "desenvolvimento sustentável".

Naturalmente que não se trata do fim dos diversos mecanismos de produção. Aqui só reproduzimos a ideia-chave, ou seja, decrescer significa *avançar recuando.* É completamente ilógico pensar e construir um mundo a partir da ideia de crescimento ilimitado. Como diz Latouche, citando Denis Clere, "quem acredita que um crescimento infinito é possível em um mundo finito", conclui ele, "ou é louco ou é eco-

---

[4] Cf. LATOUCHE, Serge. *Pequeno tratado do decrescimento sereno.* São Paulo: Editora WMF Martins Fontes, 2009.

nomista".[5] Assim, segundo esse autor, um círculo virtuoso de oito "erres" se abre a nossa frente. É preciso: "reavaliar, reconceituar, reestruturar, redistribuir, relocalizar, reduzir, reutilizar, e reciclar".

Muitos poderiam concluir que tal caminho é impossível. Os poderosos deste mundo vão ceder? Temos visto quanta oposição o Papa Francisco tem sofrido, até mesmo dentro da Igreja Católica. No entanto, tudo indica que é o caminho atual que nos levará, se não à destruição, a uma situação de enormes sofrimentos. Mais do que nunca, precisamos reconfigurar a *UTOPIA*. Chegamos a um limiar: ou repensamos o modelo político e econômico ou nosso futuro não está garantido. Não se pode mais buscar um *PROJETO DE SOCIEDADE* com mais do mesmo. Mas um novo mundo é possível. E o Papa Francisco vem sendo um sinal de esperança que aponta para uma convivência pacífica e harmoniosa entre os seres humanos. E isto só acontecerá com mudança de mentes e corações.

---

[5] Como boa parte dos leitores deste pequeno artigo não lerá a obra de Latouche, reproduzo a nota 57, da página 26, de seu livro, para efeito de esclarecimento, pois se trata de uma assunto bem pouco discutido na academia e muito menos na mídia: "Teoricamente, pode-se fazer a razão geométrica funcionar no sentido inverso. 'Um decrescimento de 1% ao ano faz economizar 25% (da produção) em 29 anos e 50% em 69 anos. Um decrescimento de 2% ao ano faz economizar 50% em 34 anos, 64% em 50 anos e 87% em 100 anos'" (Paul Ariès, p. 90). Evidentemente, esse raciocínio tem um valor sobretudo teórico para refutar adversários, que o acusam de querer levá-los de volta à Idade da Pedra. O decrescimento decerto não é uma inversão mecânica do crescimento, é a construção de uma sociedade autônoma, certamente mais sóbria e, sobretudo, mais equilibrada.

"Lá na ponte da aliança todo mundo passa"

A Bíblia nos discursos do papa aos movimentos sociais

Marcelo Barros*

O título deste artigo vem de uma antiga canção de uma dança circular de crianças. As crianças iam entrando na dança e fazendo parte da roda, enquanto se imaginavam "na ponte da aliança". A aliança é um conceito bíblico importante que nos faz pensar em um compromisso de união efetiva e afetiva. Na Bíblia, Deus fez essa aliança com o povo hebreu, oprimido pela escravidão no Egito. O Novo Testamento testemunha que Jesus veio ampliar e universalizar essa aliança para toda a humanidade.

Pela primeira vez na história, em outubro de 2014, um papa convoca, no Vaticano, 160 representantes de movimentos sociais no mundo inteiro para escutá-los e com eles debater os desafios da realidade, sinalizar o apoio do papa e descobrir juntos como construir uma sociedade nova e mais justa. Em julho de 2015, durante sua visita à América Latina. O papa quis viver um novo encontro com os Movimentos

---

* Monge beneditino, teólogo e escritor, assessora Cebs e movimentos sociais, além de ser coordenador latino-americano da Associação Ecumênica de Teólogos do Terceiro Mundo (ASETT).

Populares em Cochabamba, Bolívia. Em novembro de 2016, novamente em Roma, Francisco se reuniu com os representantes desses movimentos. Em cada um desses encontros, depois de ter ouvido as palavras e lido os documentos de conclusão dos participantes, o papa fez um discurso simples e expressivo. Esses discursos se tornaram para todo o mundo uma expressão clara do pensamento do Papa Francisco e de sua determinação profética de lutar contra o modelo atual de organização social e econômica do mundo. Ali, o papa tenta colocar a Igreja Católica na caminhada comum de todas as pessoas de boa vontade que querem construir um mundo diferente.

Para quem vive a fé judaica e cristã, a referência fundamental sobre como viver e organizar o mundo vem da Bíblia. É o único livro sagrado que pertence a duas religiões, embora os cristãos tenham também o Novo Testamento. Mais do que um acréscimo à Tanah, a Sagrada Escritura do Judaísmo, as cartas e textos do Novo Testamento são uma releitura da Bíblia a partir da missão, da palavra e da proposta de Jesus Cristo. Por isso, ao reler os textos dos discursos do papa nos três encontros com os movimentos sociais (pode ser que em breve haja um quarto encontro), é normal que desejemos aprofundar a base bíblica de suas palavras. Talvez alguém se sinta chamado a garimpar as palavras do papa e realize, assim, o elenco de todas as citações explícitas ou mesmo implícitas de textos bíblicos contidos nos discursos. Não creio que esse método nos ajudaria a compreender mais profundamente a base bíblica das palavras do papa. A proposta que faço aqui é outra: através das palavras do papa nos três encontros, compreender melhor como Francisco lê e interpreta a Bíblia e em que essa leitura pode nos ajudar em nossa missão e nosso caminho de fé.

I. Alguns pressupostos importantes

Nos três discursos aos movimentos sociais, o papa sempre começa afirmando que escutou as palavras dos participantes. Leu os relatórios e documentos conclusivos do encontro. Mesmo que não se proponha a fazer uma síntese estrita desses textos e palavras, é evidente que Francisco fala a partir de tudo o que escutou. Suas palavras se inserem em um diálogo. Querem ressoar e fazer ecoar as palavras dos pobres que ele acolheu e escutou interiormente. Ora, esse é o mesmo modo que vemos os patriarcas e profetas fazerem uso na Bíblia ao irem descobrindo a revelação de Deus. A Palavra de Deus vem através da vida e como resposta aos desafios que os pobres e sofredores encontram para viver dignamente.

Nos três encontros com os movimentos sociais (parece que em dezembro haverá um quarto), o papa tem lido os textos bíblicos de uma forma nova e original que, provavelmente, antes, nunca tinha sido usada por um papa e nos ambientes mais oficiais da Igreja. Trata-se de uma leitura bíblica "para fora", isto é, "em saída". A Bíblia é lida e interpretada de uma forma mais ampla que leva a palavra para além do seu contexto imediato. Para cada texto, o papa oferece uma compreensão que vai além do que a tradição da Igreja estava habituada a fazer. Isso se deve a dois fatores. O primeiro é que Francisco tem sempre consciência de falar a cristãos e não cristãos. Nos três encontros, ele alude ao fato de que, entre os participantes, há pessoas que são crentes e outras que não o são. Ele quer respeitar essas que não creem e as valoriza de forma igual às que creem. Além disso, o objetivo dos encontros é um diálogo com os movimentos sociais. Não visa apresentar a eles uma palavra religiosa. A todo momento, o papa se apresenta como é: um homem de fé e que baseia o seu compromisso social e político na fé no Evangelho. No entanto, ele fala disso em diálogo e à medida que tal referência pode dizer respeito à realidade do mundo e da vida.

Nesse sentido, o método usado na leitura bíblica do Papa Francisco nesses discursos aos movimentos sociais tem muito em comum com o método como, desde a década de 1970, na América Latina, as comunidades eclesiais de base e os movimentos sociais têm lido a Bíblia.

Vamos detalhar um pouco mais isso, abordando o uso da Bíblia em cada um dos três discursos. Como já deixei claro, não me interessa fazer aqui um elenco de todas as citações de textos bíblicos. Não interessa um estudo quantitativo do uso da Bíblia, e sim o modo como o papa baseia na fé bíblica a sua palavra de pastor e irmão a seus irmãos na humanidade.

II. O primeiro encontro: sinal de solidariedade

De 27 a 29 de outubro de 2014, o papa reuniu 160 representantes de movimentos sociais espalhados por todo o mundo. Em seu discurso, como sempre pronunciado em um estilo simples e espontâneo, o papa diz que aquele encontro é um Sinal – sinal para Deus, para a Igreja e para os povos. Sinal de que, no mundo inteiro, os empobrecidos, vítimas da injustiça social, não somente sofrem injustiças e padecem a pobreza, mas principalmente lutam contra ela.

Vós sentis que os pobres não esperam mais e querem ser protagonistas; organizam-se, estudam, trabalham, exigem e, sobretudo, praticam aquela solidariedade tão especial que existe entre os que sofrem, entre os pobres, e que a nossa civilização parece ter esquecido ou, pelo menos, tem grande vontade de esquecer (I,6).

E o papa explica como compreende a solidariedade:

É pensar e agir em termos de comunidade, de prioridade da vida de todos sobre a apropriação dos bens por parte de alguns. É também lutar contra as causas estruturais da pobreza, a desigualdade, a falta de trabalho, a terra e a casa, a negação dos direitos sociais e laborais. É fazer frente aos efeitos destruidores do império do dinheiro: as deslocações forçadas, as emigrações dolorosas, o tráfico de pessoas, as drogas, as guerras, a violência e todas aquelas realidades que muitos de vós suportam e que todos estamos chamados a transformar. A solidariedade, entendida no sentido mais profundo, é uma forma de fazer história, e é isso que os movimentos populares fazem (I,6).

A partir daí, o papa explica que essa solidariedade, "o amor pelos pobres está no centro do Evangelho" (I,8).

De certa forma, isso é toda a base bíblica desse encontro. Aparentemente pode parecer genérico ou amplo demais. No entanto, nenhuma pessoa que o escutou naquela tarde e ninguém dos movimentos sociais que o leu ou escutou depois, teve essa impressão. Ao contrário, quem estuda a história das primeiras comunidades cristãs sabe que *koinonia*, termo grego que pode ser traduzido por *comunhão* e também por solidariedade, chegou a ser a palavra usada para designar as igrejas locais. Até no século IV, quando João Crisóstomo, bispo de Alexandria, encontrou no deserto da Tebaida o monge Pacômio, a pergunta que lhe fez foi: "Como vai a sua santa *koinonia*?".

Essa era a natureza primeira da Igreja, ser sinal de solidariedade para o mundo, ser ensaio de um mundo novo possível. Ser da Igreja era ensaiar na comunidade um jeito de ser e de viver que Deus propõe para o mundo todo. De certa forma, o Papa Francisco disse aos movimentos sociais: "Hoje, vocês realizam esse sinal. Hoje vocês sinalizam o mistério mais profundo do ser Igreja, ser sacramento da solidariedade de toda a humanidade".

Nos anos 1970, na América Latina, podemos dizer que surgiu ou ao menos se fortaleceu um novo modo de ler a Bíblia. Esse método de leitura bíblica tinha como base dois princípios fundamentais. O primeiro princípio, comum a toda a Teologia da Libertação, foi o de insistir que não existem duas histórias, uma profana e outra sagrada, ou uma história do mundo e outra história da Salvação.[1] Antes, a leitura mais comum que se fazia da Bíblia era no sentido de que a promessa divina se referisse apenas à salvação individual das almas, sem ter nada a ver diretamente com a história concreta dos povos. Outro princípio fundamental desse jeito novo de ler a Bíblia foi o intento de descobrir no decorrer de toda a Bíblia uma espécie de fio condutor que percorre toda a história da revelação. Carlos Mesters chamou isso de "um projeto de Deus".[2] Os nomes bíblicos variam: o Pentateuco o chama de "aliança", os profetas pós-exílicos e os salmos preferem chamar de "Reino de Deus", termo, segundo os evangelhos sinóticos, herdado por Jesus. O quarto Evangelho o chama de "vontade do Pai" e ainda

---

[1] Cf. MESTERS, C. *A Palavra de Deus na história dos homens*. Petrópolis: Vozes, 1971.

[2] Cf. id. *Um projeto de Deus*. Angra dos Reis: CEBI/Paulinas, 1981.

"vida em abundância". Para as comunidades latino-americanas, é uma alegria imensa sentir que o Papa Francisco lê a Bíblia a partir dessa chave de leitura e a usa em seu diálogo com os movimentos sociais.

É a partir dessa chave que ele alude a um comentário rabínico do século XII sobre a torre de Babel para dizer que, já naquela época, as pessoas pobres eram tratadas como descartáveis. E, na conclusão do encontro, ele propõe aos participantes duas leituras do Evangelho que confirmam o seu modo de compreender a Bíblia: o programa de Jesus expresso nas bem-aventuranças (Mt 5,1-12 e Lc 6,20ss) e a parábola de Jesus sobre o julgamento final (Mt 25,31ss). A partir dessa sugestão evangélica, que vai bem além do religioso, o papa propõe que se intensifique a "cultura do encontro".

III. O segundo encontro: conversão, mudança redentora

No segundo encontro com os movimentos sociais, realizado em Cochabamba, (julho de 2015), o papa afirmou: "A Bíblia lembra-nos de que Deus escuta o clamor do seu povo e também eu quero voltar a unir a minha voz à vossa" (II,5).

É importante perceber como o papa quer se juntar aos movimentos sociais, unindo a sua voz à voz dos oprimidos, o grito que Deus escuta no Horeb. É uma leitura da Bíblia como Palavra de Deus para hoje, e que trata diretamente dos problemas sociais e políticos do mundo. Essa referência à Palavra de Deus a Moisés na sarça ardente é como a espinha dorsal desse discurso.

O texto do Êxodo: "Eu ouvi o clamor do meu povo que está na escravidão e desci para libertá-lo" (Ex 3,7), foi fundamental para as Igrejas da América Latina nestes últimos 50 anos.[3]

Com a mesma sensibilidade do Cristianismo libertador, o papa fez dessa palavra o fio central do seu discurso. Daí ele tira algumas conclusões, como consequência ou continuidade da leitura do Êxodo. Ele assegura: "A terra, o teto e o trabalho são *direitos sagrados* de todos". A partir dessa constatação, propõe que os movimentos sociais levem o mundo ao que ele chama de uma *mudança redentora*.

O papa dedica boa parte do seu discurso a explicar o que seria essa mudança que ele propõe aos movimentos sociais. Tem por base o conceito bíblico de "conversão". Ao escutá-lo, parece que estamos ouvindo profetas como Jeremias falarem da "circuncisão do coração" (cf. Dt 10,16 e Jr 4,4), ou ainda Joel proclamar que o povo de Deus precisa rasgar seu coração e não apenas as vestes (Jl 2,12-18). Do mesmo modo, nesse discurso, afirma o Papa Francisco: "Sabemos, amargamente, que uma mudança de estruturas, que não seja acompanhada por uma conversão sincera das atitudes e do coração, acaba a longo ou curto prazo por burocratizar-se, corromper-se e sucumbir" (II,10).

No entanto, fiel à leitura da Escritura a partir da vida concreta, ele confessa: "Aqui na Bolívia ouvi uma frase de que gosto muito: 'processo de mudança'. A mudança concebida não como algo que um dia chegará, porque se impôs

---

[3] "Eu ouvi os clamores do meu povo" foi o título dado um importante documento assinado por 13 bispos e 7 superiores maiores de congregações religiosas do Regional Nordeste II da CNBB, em maio de 1973. Cf. *Boletim da Arquidiocese de Olinda e Recife*, n. 1, 1973, p. 3; Uma Igreja a caminho do povo. *Cadernos do CEAS*, Salvador/BA, n. 27.

esta ou aquela opção política ou porque se estabeleceu esta ou aquela estrutura social" (II,10).

Com essa imagem, o papa une o apelo a uma conversão pessoal a essa perspectiva de "processo de conversão social e política":

> Por isso gosto tanto da imagem do processo, na qual a paixão por semear, por regar serenamente o que outros verão florescer, substitui a ansiedade de ocupar todos os espaços de poder disponíveis e de ver resultados imediatos. Cada um de nós é apenas uma parte de um todo complexo e diversificado interagindo no tempo: povos que lutam por uma afirmação, por um destino, por viver com dignidade, por "viver bem" (II,10).

A partir dessa base, Francisco indica três elementos que ele considera fundamentais para essa mudança redentora:

1. Colocar a economia a serviço dos mais pobres.
2. Unir os povos da América Latina na caminhada da paz e da justiça.
3. Defender a Mãe Terra.

No cuidado de pôr a economia a serviço dos mais pobres, cita o Evangelho que identifica os pobres com Jesus ("Aquele que der um copo d'água a um desses pequeninos, é a mim que dá" – Mt 10,42). Ao falar da necessidade de integração dos países da América Latina, entra na perspectiva bolivariana (chega a citar o termo "pátria grande" de José Marti), e, ao defender a Mãe Terra, retoma o conceito de "ecologia integral".

É importante o fato de que ele insiste que os movimentos sociais são "semeadores de mudanças". É uma perspectiva contrária à dos setores eclesiásticos, que ainda esperam soluções vindas dos grandes e dos poderosos. Sem dúvida, essa confiança nos pequenos vem de uma leitura bíblica aprofundada nas comunidades latino-americanas.

IV. O terceiro encontro: para construir pontes de amor

No terceiro encontro com os movimentos sociais, realizado em Roma, em dezembro de 2016, o Papa Francisco retoma o mesmo tipo de hermenêutica bíblica a partir da realidade. Fala da necessidade de organização dos movimentos sociais no plano local (organizações de base) e ali cita uma antiga homilia feita na festa de *Corpus Christi*, quando era arcebispo de Buenos Aires (2004), e diz que Jesus mandou os discípulos organizarem o povo em grupos de 50 para repartirem o pão (Mc 6,40). Esse tipo de comentário do episódio da repartição dos pães se tornou conhecido no mundo através do que, no começo dos anos 1980, se chamou na Europa de uma leitura política do Evangelho de Marcos, e que foi muito rejeitada pela hierarquia católica. O papa não entra nesse tipo de leitura, mas a ela alude quando diz que Jesus se preocupou em organizar o povo com fome no deserto. A partir dali, denuncia a tirania do sistema dominante e diz claro que o verdadeiro terrorismo é desse sistema. E conclui aplicando aos movimentos sociais a palavra de Jesus aos discípulos no meio da tempestade: "Não tenham medo!" (Mt 14,27).

Como proposta concreta, no lugar dos muros e do terror da ditadura econômica que domina o mundo, o papa propõe "amor e construção de pontes". Cita o dia que Jesus passa em Cafarnaum, acontecimento citado por Marcos como uma espécie de programa paradigmático do Senhor. Jesus insiste que o sábado, ou seja, o sagrado, foi feito para o ser humano. Por isso, defende os discípulos que colhem espigas no dia de sábado e, depois, enfrenta os adversários ao curar o homem de mão seca também em dia de sábado e em meio à sinagoga (Mc 2,27 e 3,1-6). É importante ver como o papa valoriza o fato de que Jesus cura a mão seca do homem: "A mão, um sinal tão forte de ação, de trabalho. Jesus restituiu àquele homem a capacidade de trabalhar e, com ela, a sua dignidade" (III,13). E o papa conclui sua exegese de vida:

> Quando vós, pobres organizados, inventais o vosso trabalho, criando uma cooperativa, recuperando uma fábrica falida, reciclando os descartes da sociedade consumista, enfrentando a inclemência do tempo para vender em uma praça, reivindicando um pequeno pedaço de terra para cultivar e alimentar quem tem fome, quando fazeis isto *imitais Jesus, porque procurais curar,* mesmo que seja só um pouco e de modo precário, esta atrofia do sistema socioeconômico imperante que é o desemprego. Não me surpreende que inclusive vós, por vezes, sois controlados ou perseguidos, e também não me causa admiração que os soberbos não se interessem por aquilo que vós dizeis... Temos o dever de ajudar a curar o mundo da sua atrofia moral (III,13-14).

A partir dessa reflexão, ele dedica uma parte do seu discurso aos refugiados, cita os patriarcas orientais com os quais visitou Lampedusa e Lesbos. E lembra que, segundo a tradição evangélica, Jesus, Maria e José foram refugiados. Pede aos movimentos sociais que, como a viúva do Evangelho diante do juiz sem coração, não desistam de gritar por justiça (Lc 18,1-8). E novamente garante colocar sempre sua voz junto à voz dos pobres nesse clamor por justiça.

V. Uma conclusão provisória

Em Cochabamba, no seu segundo discurso aos movimentos sociais, o papa elogiou o fato de o Cardeal Turkson lhe ter assegurado que, na Igreja, muitos padres, religiosos e agentes de pastoral estão vivendo essa comunhão de serviço aos movimentos sociais e essa missão de solidariedade que ele ali sinalizava. Ele afirma:

> Soube também, pelo Pontifício Conselho "Justiça e Paz", presidido pelo Cardeal Turkson, que são muitos os que, na Igreja, se sentem mais próximos dos Movimentos Populares. Muito me alegro por isso! Ver a Igreja com as portas abertas a todos vós, que se envolvem, acompanham e conseguem sistematizar em cada diocese, em cada comissão "Justiça e Paz", uma colaboração real, permanente e comprometida com os Movimentos Populares (II,5).

E o papa conclui com um pedido: "Convido a todos, bispos, sacerdotes e leigos, juntamente com as organizações sociais das periferias urbanas e rurais a aprofundar este encontro" (II,5).

Qualquer olhar, mesmo superficial, pode constatar que nem na América Latina nem no resto do mundo esse pedido do papa tem sido atendido do modo como seria de se esperar. Deveríamos refletir mais profundamente sobre o porquê dessa resistência dos pastores e dos ministros das Igrejas em entrarem nessa perspectiva de uma Igreja servidora dos mais pobres e consagrada à libertação, como, há 50 anos, já propunha a conferência de Medellín (Medellín, Juventude, III, 15). Provavelmente descobriremos que um motivo importante e básico é que a interpretação da fé e a espiritualidade proposta no dia a dia das dioceses, seminários e congregações religiosas ainda não incorporou esse modo de ler a Bíblia a partir da vida. Não conseguimos ir além de certo fundamentalismo bíblico e teológico ocidental ainda comum nas igrejas católica e evangélicas que, mesmo superando o tipo de fundamentalismo ingênuo e primário de alguns grupos pentecostais, não deixa por isso de ser fundamentalista. Constitui-se em uma leitura alienada da fé e da Palavra de Deus. O ministério ordinário do Papa Francisco tem se dado quase cotidianamente através de suas homilias comuns proferidas a cada dia na capela da Casa Santa Marta, em Roma. Em todas, de um modo ou de outro, o papa tem revelado essa capacidade de ler a Palavra de Deus a partir de uma fé viva e de um olhar atento e crítico à realidade do mundo. Esse é nosso desafio primeiro e nossa tarefa nesses tempos obscuros em que vivemos.

Sem dúvida, para quem quer assumir essa forma crítica e revolucionária de ver o mundo do Papa Francisco, expressa nos seus discursos aos movimentos sociais, a leitura da Bíblia não clareará tudo nem poderá trazer soluções que temos de encontrar na própria luta do dia a dia. É verdade que, como cantam nossas comunidades no Brasil, o Salmo 119 diz bem claro: "Tua Palavra, Senhor, é luz para os meus olhos, lâmpada para os meus pés". No entanto, a segunda carta atribuída a Pedro é mais modesta e realista. Embora para nós sempre seja uma palavra que ajude muito e sempre, o apóstolo compara a palavra não a um farol ou a um luzeiro que clareia tudo, e sim a uma pequena lamparina que, na claridade, quase não ajuda, mas no escuro sim nos possibilita dar um passo sem cair em algum buraco. Fiquemos então com essa possibilidade. É modesta e não substitui outros instrumentos de análise e de visão, mas essa é aquela na qual depositamos nossa confiança amorosa: "E temos firmeza na palavra dos profetas, à qual fazeis bem em estar atentos, como a uma lamparina que brilha em um lugar escuro, até que o dia amanheça, e a estrela d'alva se levante em vossos corações" (2Pd 1,19).

"Uma bênção para a humanidade"

Densidade teológica das organizações e lutas populares

Francisco de Aquino Júnior*

Os encontros do Papa Francisco com os Movimentos Populares revelam sua preocupação e seu interesse pelos grandes *problemas* socioambientais do mundo atual, bem como pelos *sujeitos* que se esforçam para mudar essa situação e se dedicam ao cuidado da casa comum e pelos *processos sociais* que eles suscitam e desenvolvem no mundo inteiro. Mas revelam também sua percepção da *densidade teológica* ou do caráter espiritual dos problemas e das organizações e lutas populares.

Se chama atenção ou mesmo se incomoda muita gente o papa ficar falando dos problemas do mundo atual e (pior ainda, para muitos) debater isso com os Movimentos Populares, chama mais atenção e incomoda muito mais tratar esses problemas e esses movimentos como questão de fé e, portanto, como questão de Igreja. Estamos tão acostumados a uma visão dualista que separa e até opõe espiritual e material e tende a identificar espiritual com culto e doutrina,

---

* Presbítero da Diocese de Limoeiro do Norte-CE; doutor em Teologia pela Universidade de Münster – Alemanha; professor de Teologia na Faculdade Católica de Fortaleza (FCF) e na Universidade Católica de Pernambuco (UNICAP).

151

que causa estranheza falar de questões socioambientais e organizações e lutas populares como questões espirituais.

E é precisamente sobre este ponto que queremos tratar aqui. Mostrar como o Papa Francisco encara os problemas socioambientais, a luta pela justiça e a relação com os Movimentos Populares como um aspecto ou uma dimensão fundamental da fé cristã e da missão da Igreja no mundo. É verdade que esse não é o tema de seus discursos nos encontros mundiais com os Movimentos Populares. Nesses discursos, ele fala dos grandes problemas de nosso tempo, dos esforços e das lutas para superar esses problemas e da importância e do papel dos Movimentos Populares nesse processo. Mas trata tudo isso a partir da fé cristã e no contexto mais amplo da missão da Igreja no mundo atual. A familiaridade com que aborda essas questões e a naturalidade com que as formula em linguagem teológico-eclesial são muito reveladoras de sua percepção e convicção do caráter espiritual de tais questões.

No desenvolvimento do tema, recolheremos nos discursos do papa os textos que falam explicitamente da relação da fé e da Igreja com os problemas socioambientais e com as organizações e lutas populares e, a partir daí, explicitaremos melhor a densidade teológica desses problemas e dessas organizações e lutas populares.

I. Discursos do papa

Já advertimos que os discursos do Papa Francisco nos encontros mundiais com os Movimentos Populares não falam diretamente do caráter teologal dos problemas socioambientais e das organizações e lutas populares. Mas o modo como ele discute e formula essas questões mostra que elas não são alheias nem indiferentes à fé cristã e à missão da Igreja. Não são questões meramente econômicas, sociais, políticas, culturais, ambientais etc. São também e mais radicalmente questões espirituais; questões que dizem respeito, positiva e/ou negativamente, ao desígnio salvífico de Deus neste mundo ou à realização histórica do reinado de Deus. Daí sua importância fundamental para a Igreja. Daí a necessidade da Igreja se enfrentar e se envolver com essas questões.

Importa, aqui, em todo caso, recolher nos discursos proferidos nos três encontros mundiais dos Movimentos Populares (28/10/2014; 09/06/2015; 05/11/2016) os textos em que Francisco indica ou esboça explicitamente o caráter salvífico-espiritual dos problemas socioambientais e das lutas e organizações populares, bem como a necessidade de a Igreja se envolver com esses problemas. Organizaremos e apresentaremos os referidos textos por afinidade temática, indicando, assim, os aspectos teológicos da problemática que aparecem nos três discursos analisados:

a) Deus-pobres

– "A Bíblia lembra-nos de que Deus escuta o clamor de seu povo e também eu quero voltar a unir a minha voz à vossa: terra, teto e trabalho para todos os nossos irmãos e todas as nossas irmãs. Disse-o e repito: são direitos sagrados. Vale a pena, vale a pena lutar por eles. Que o clamor dos excluídos seja escutado na América Latina e em toda a terra" (II,5s).

b) Sinal dos tempos

– "Este encontro dos Movimentos Populares é um sinal, um grande sinal: viestes apresentar diante de Deus, da Igreja e dos povos uma realidade que muitas vezes passa em silêncio. Os pobres não suportam a injustiça, mas também lutam contra ela" (I,5).

c) Macroecumenismo

"Nós que estamos aqui, de diferentes origens, credos e ideias, talvez não estejamos de acordo acerca de tudo, certamente pensamos de modo diverso sobre muitas coisas, mas sem dúvida estamos de acordo sobre estes pontos" (III, 7): "trabalho digno para os que estão excluídos do mercado de trabalho; terra para os camponeses e as populações indígenas; habitações para as famílias desabrigadas; integração urbana para os bairros populares; eliminação da discriminação, da violência contra as mulheres e das novas formas de escravidão; fim de todas as guerras, do crime organizado e da repressão; liberdade de expressão e de comunicação democrática; ciência e tecnologia a serviço dos povos"; "um projeto de vida que rejeite o consumismo e recupere a solidariedade, o amor entre vós e o respeito pela natureza como valores essenciais" (III,6s); "peço-vos, por favor, que rezeis por mim, e, aos que não podem rezar, peço, pensai bem de mim e mandai-me boas energias. Obrigado!" (III,23).

d) Sistema/mercado-idolatria

– "Estamos vivendo uma terceira guerra mundial, mas por etapas. Há sistemas econômicos que, para sobreviver, devem fazer guerras. Então, fabricam-se e vendem-se armas, e assim os balanços das economias que sacrificam o homem aos pés do ídolo do dinheiro obviamente estão salvos"; "um sistema econômico centrado no 'deus dinheiro' tem também necessidade de saquear a natureza, saquear a natureza para manter o ritmo frenético de consumo que lhe é próprio" (I,15).

– Temos "um sistema que, apesar de acelerar irresponsavelmente os ritmos da produção, apesar de implementar métodos na indústria e na agricultura que sacrificam a Mãe Terra na área da 'produtividade', continua a negar a milhões de irmãos os mais elementares direitos econômicos, sociais e culturais. Esse sistema vai contra o projeto de Jesus" (II,15s).

– Há uma nova forma de "colonialismo" na América Latina, que é "o poder anônimo do ídolo dinheiro: corporações, credores, alguns tratados denominados de 'livre-comércio' e a imposição de medidas de 'austeridade' que sempre apertam o cinto dos trabalhadores e dos pobres" (II,18s).

– "Aquele 'fio invisível' [...], aquela estrutura injusta que une todas as exclusões que vós padeceis, pode consolidar--se e transformar-se em um chicote, um chicote existencial que, como no Egito do Antigo Testamento, escraviza, rouba a liberdade, golpeia sem misericórdia certas pessoas e ameaça constantemente outras, para abater todos como animais, até onde o dinheiro divinizado quiser" (III,9).

– "Há quase cem anos, Pio XI previu a imposição de uma ditadura global da economia, à qual chamou 'imperialismo internacional do dinheiro' [QA, 109] [...] e foi Paulo VI que denunciou, há quase cinquenta anos, a 'nova forma abusiva de domínio econômico nos planos social, cultural e até político' [AO, 44] [...]. A Igreja e os profetas dizem há milênios aquilo que tanto escandaliza que o papa repita neste tempo, no qual tudo isto alcança expressões inéditas. Toda a doutrina social da Igreja e o magistério dos meus predecessores estão revoltados contra o ídolo dinheiro, que reina em vez de servir, tiraniza e aterroriza a humanidade" (III,10).

e) Missão da Igreja

– "É estranho, mas, se falo disto para alguns, o papa é comunista. Não se compreende que o amor pelos pobres está no centro do Evangelho. Terra, casa e trabalho, aquilo pelo que lutais, são direitos sagrados. Exigi-lo não é estranho, é a doutrina social da Igreja" (I,7s).

– Falando da construção de "uma alternativa humana à globalização exclusiva", afirma que "a Igreja não pode nem deve estar alheia a esse processo no anúncio do Evangelho. Muitos sacerdotes e agentes de pastoral realizam uma grande tarefa acompanhando e promovendo os excluídos em todo o mundo, ao lado de cooperativas, dando impulso a empreendimentos, construindo casas, trabalhando abnegadamente nas áreas de saúde, desporto e educação. Estou convencido de que a cooperação amistosa com os Movimentos Populares pode fortalecer estes esforços e os processos de mudança" (II,13).

– "Digamos sem medo: queremos uma mudança, uma mudança real, uma mudança de estruturas. Esse sistema é insuportável [...] A globalização da esperança que nasce dos povos e cresce entre os pobres, deve substituir esta globalização da exclusão e da indiferença" (II,7).

– "Não é tão fácil definir o conteúdo da mudança, ou seja, o programa social que reflita este projeto de fraternidade e justiça que esperamos. Neste sentido, não esperem uma receita deste papa. Nem o papa nem a Igreja têm o monopólio da interpretação da realidade social e da proposta de solução para os problemas contemporâneos" (II,14).

– Falando de colonialismo, reconhece: "Com pesar, digo: 'em nome de Deus', cometeram-se muitos e graves pecados com os povos nativos da América [...] também quero que recordemos os milhares de sacerdotes e bispos que se opuseram fortemente à lógica da espada, com a força da cruz" (II,20s).

– "A casa comum de todos nós está sendo saqueada, devastada, arrasada impunemente. A covardia em defendê-la é um pecado grave [...]. Peço-vos, em nome de Deus, que defendais a Mãe Terra" (II,22).

– "Este sistema já não funciona. Devemos mudá-lo, devemos voltar a pôr a dignidade humana no centro e sobre aquele pilar devem ser construídas as estruturas sociais alternativas das quais precisamos. Com paixão, mas sem violência [...]. Nós, cristãos, temos algo muito bonito, uma linha de ação, um programa, poderíamos dizer, revolucionário": "as bem-aventuranças no capítulo 5 de São Mateus e 6 de São Lucas e também o trecho de São Mateus 25" (I,16s).

– "A justa distribuição dos frutos da terra e do trabalho humano não é mera filantropia. É um dever moral. Para os cristãos, o encargo é ainda mais forte: É um mandamento. Trata-se de devolver aos pobres e às pessoas o que lhes pertence. O destino universal dos bens não é um adorno retórico da doutrina social da Igreja. É uma realidade anterior à propriedade privada" (II,16).

– "São muitos os que, na Igreja, se sentem mais próximos dos Movimentos Populares. Muito me alegro por isso! Ver a Igreja com as portas abertas a todos vós que se envolvem, acompanham e conseguem sistematizar em cada diocese, em cada comissão 'justiça e paz' uma colaboração real, permanente e comprometida com os Movimentos Populares" (II,5).

– "Maria é sinal de esperança para os povos que sofrem dores de parto até que brote a justiça" (II,13).

f) Movimentos Populares

– "Vós, a partir dos Movimentos Populares, assumis as tarefas comuns motivados pelo amor fraterno que se rebela contra a injustiça social" (II,10); "este apego ao bairro, à terra, ao território, à profissão, à corporação, este reconhecer-se no rosto do outro, esta proximidade no dia a dia, com suas misérias e os seus heroísmos cotidianos, é o que permite realizar o mandamento do amor" (II,11).

– Solidariedade "é muito mais do que alguns gestos de generosidade esporádicos. É pensar e agir em termos de comunidade, de prioridade da vida de todos sobre a apropriação dos bens por parte de alguns. É também lutar contra as causas estruturais da pobreza, a desigualdade, a falta de trabalho, a terra e a casa, a negação dos direitos sociais e laborais. É fazer frente aos efeitos destruidores do império do dinheiro: as deslocações forçadas, as emigrações dolorosas, o tráfico de pessoas, as drogas, as guerras, a violência e todas aquelas realidades que muitos de vós suportam e que todos estamos chamados a transformar. A solidariedade, entendida no sentido mais profundo, é uma forma de fazer história, e é isso que os Movimentos Populares fazem" (I,6).

– Comentando Marcos 3,1-6: "Às vezes penso, que quando vós, pobres organizados, inventais o vosso trabalho, criando uma cooperativa, recuperando uma fábrica falida, reciclando os descartes da sociedade consumista, enfrentando a inclemência do tempo para vender em uma praça, reivindicando um pequeno pedaço de terra para cultivar e alimentar quem tem fome, quando fazeis isto imitais Jesus, porque procurais curar, mesmo que seja só um pouco e de modo precário, esta atrofia do sistema socioeconômico imperante que é o desemprego" (III,13).

– "Peço-vos que exerçais aquela solidariedade tão singular que existe entre os que sofreram. Vós sabeis recuperar fábricas das falências, reciclar aquilo que outros abandonam, criar postos de trabalho, cultivar a terra, construir habitações, integrar bairros segregados e reclamar de modo incessante, como a viúva do Evangelho que pede justiça insistentemente. Talvez, com o vosso exemplo e a vossa insistência, alguns Estados e organizações internacionais abram os olhos e adotem medidas adequadas para acolher e integrar plenamente todos aqueles que, por um motivo ou por outro, procuram refúgio longe de casa. E também para enfrentar as profundas causas pelas quais milhares de homens, mulheres e crianças são expulsos cada dia da sua terra natal" (III,17).

– "É imprescindível que, a par da reivindicação dos seus legítimos direitos, os povos e as organizações sociais construam uma alternativa humana à globalização exclusiva. Vós sois semeadores de mudança. Que Deus vos dê coragem, alegria, perseverança e paixão para continuar a semear. Podeis ter a certeza de que, mais cedo ou mais tarde, vamos ver os frutos" (II,12).

– Três grandes tarefas: "pôr a economia a serviço da vida", "unir os nossos povos no caminho da paz e da justiça" e "defender a Mãe Terra" (II,14-22).

– Sobre o "medo" que é "alimentado, manipulado" (cf. III,11). "Gostaria de vos pedir que continueis a contrastar o medo com uma vida de serviço, solidariedade e humanidade a favor dos povos e, sobretudo, dos que sofrem. Podereis errar muitas vezes, todos erramos, mas se perseverarmos nesse caminho, cedo ou tarde, veremos os frutos. O amor cura tudo" (III,22).

– "Sei que muitos de vós arriscam a vida. Sei – e desejo recordá-lo, quero recordá-la – que hoje alguns não estão aqui porque apostaram a sua vida... Por isso, não há maior amor do que dar a própria vida. É isto que Jesus nos ensina" (III,13).

– "Quando olhamos o rosto dos que sofrem [...] quando recordamos estes 'rostos e nomes', estremecem nossas entranhas diante de tanto sofrimento e comovemo-nos... Porque 'vimos e ouvimos', não a fria estatística, mas as feridas doloridas da humanidade, as nossas feridas, a nossa carne. Isso é muito diferente da teorização abstrata ou da indignação elegante. Isso nos comove, nos move e procuramos o outro para movermo-nos juntos. Esta emoção feita ação comunitária é incompreensível apenas com a razão: tem um *plus* de sentido que só os povos entendem e que confere a sua mística particular aos verdadeiros Movimentos Populares" (II,10s).

– "Atrevo-me a dizer que o futuro da humanidade está, em grande medida, em vossas mãos, na vossa capacidade de vos organizar e promover alternativas criativas na busca diária dos '3Ts' (terra, teto e trabalho), e também na vossa participação como protagonistas nos grandes processos de mudanças nacionais, regionais e mundiais. Não se acanhem" (II,9).

– "Continueis a vossa luta, fazei o bem para todos. É como uma bênção para a humanidade"; "rezo por vós, rezo convosco e desejo pedir a Deus que vos acompanhe e abençoe, vos cubra com seu amor e vos acompanhe no caminho, dando-vos abundantemente aquela força que vos mantém em pé: esta força é a esperança, a esperança que não desilude" (I,18s; cf. II,23; III,23).

II. Caráter salvífico-espiritual das organizações e lutas populares

Os discursos do Papa Francisco nos encontros mundiais com os Movimentos Populares mostram como os grandes problemas do mundo e as lutas e organizações populares têm uma dimensão estritamente teologal, isto é, dizem respeito, positiva e/ou negativamente, ao desígnio salvífico de Deus neste mundo: seja como obstáculo ou negação (pecado); seja como sinal e/ou mediação (salvação). Nada neste mundo é indiferente a Deus e ao seu desígnio salvífico, nem pode ser indiferente à Igreja, enquanto "povo de Deus", "corpo de Cristo" e "templo do Espírito" no mundo.

Como bem afirma o Concílio Vaticano II, a Igreja é e deve ser sempre mais "sacramento" ou "sinal e instrumento" de salvação ou do reinado de Deus neste mundo (cf. LG 1, 5, 9, 48). Não por acaso, a Constituição pastoral *Gaudium et Spes*, sobre a Igreja no mundo de hoje, começa afirmando que:

As alegrias e as esperanças, as tristezas e as angústias dos homens e mulheres de hoje, sobretudo dos pobres e de todos aqueles que sofrem, são também as alegrias e as esperanças, as tristezas e as angústias dos discípulos de Cristo. Não há realidade alguma verdadeiramente humana que não encontre eco no seu coração (GS 1).

E a Conferência de Medellín na América Latina é ainda mais concreta e precisa:

Assim como outrora Israel, o antigo povo, sentia a presença salvífica de Deus quando o libertava da opressão do Egito, quando o fazia atravessar o mar e o conduzia à conquista da terra prometida, assim também nós, novo povo de Deus, não podemos deixar de sentir seu passo que salva, quando se dá o "verdadeiro desenvolvimento, que é, para cada um e para todos, a passagem de condições de vida menos humanas [carências materiais, carências morais, estruturas opressoras] para condições mais humanas [posse do necessário, vitória sobre as calamidades sociais, conhecimentos, cultura, dignidade, espírito de pobreza, cooperação no bem comum, paz]".[2]

É que, segundo as Escrituras, Deus se *revela* como Salvador que escuta o clamor de seu povo e o liberta da escravidão (cf. II,5) e como um pai que cuida de seus filhos e os socorre em suas necessidades (cf. III,12s). E a relação com ele ou a *fé* está determinada e configurada por esse jeito de ser/agir de Deus na história de Israel e na vida/práxis de Jesus de Nazaré. Enquanto adesão a Deus, a fé constitui participação em seu desígnio salvífico no mundo. Ela é, sem dúvida, um "dom" (Ef 2,8), mas um dom que, uma vez acolhido, recria-nos, inserindo-nos ativamente em seu próprio dinamismo: "Criados por meio de Cristo Jesus para realizarmos as boas ações que Deus nos confiara como tarefa" (Ef 2,10).

A partir daqui se pode compreender com o Papa Francisco como tudo que atenta contra a vida humana e o conjunto da criação se constitui em um atentado contra Deus e seu desígnio salvífico-criador e, portanto, como *pecado*. E como tudo que gera, conserva e defende a vida humana e cuida de nossa casa comum colabora com o desígnio salvífico-criador de Deus e se constitui, objetivamente, para além de toda consciência e intencionalidade, como mediação de *salvação* no mundo.

Tudo o que se opõe à obra criadora e ao desígnio salvífico de Deus no mundo é *pecado*, e a Igreja deve reagir e lutar contra todo tipo de pecado. Por isso Francisco reage com tanta determinação contra um sistema que produz pobreza e exclusão, descarta tanta gente e destrói a criação. Fala

---

[2] CELAM. *Conclusões de Medellín*. São Paulo: Paulinas, 1987, p. 7.

desse sistema como um "chicote existencial" semelhante ao do Egito no Antigo Testamento (cf. III,9) e como "ídolo/idolatria" (cf. I,15: II,18; III,9,10) – uma das expressões mais fortes na Bíblia para falar de oposição a Deus. Diz que ele "vai contra o projeto de Jesus" (cf. II,16).[3] Reconhece e pede perdão pelos "muitos e graves pecados" que a Igreja, "em nome de Deus", cometeu na época da colonização "contra os povos nativos" (II,20). E afirma que a "covardia" em defender a casa comum é um "pecado grave" (cf. II,22).

E tudo que promove e defende a vida humana, sobretudo dos pobres e marginalizados, e o conjunto da criação é sinal da presença salvífica de Deus e mediação de salvação no mundo – independentemente de vínculo eclesial e/ou religioso. E a Igreja deve discernir, perscrutar, cuidar, anunciar e promover todos esses sinais. Por isso Francisco valoriza e promove tanto "aquela solidariedade tão especial/singular que existe entre os que sofrem" (I,6; III,17) e que vai dos pequenos gestos de partilha às alternativas de sobrevivência e às lutas por direitos e pela transformação da sociedade (cf. I,6, 13s; III,13,17).[4] Por isso recorda com tanta

---

[3] A Conferência de Medellín (1968) já falava de "estruturas injustas" como "cristalização" de "verdadeiros pecados" (Justiça, I). E a Conferência de Puebla (1979) reconheceu que a pobreza "não é uma etapa casual, mas sim o produto de determinadas situações e estruturas econômicas, sociais e políticas" (30), e chegou a falar explicitamente de "dimensão social do pecado", de "estruturas de pecado" ou de "pecado social" (28, 70, 73, 281, 282, 452, 487, 1258). E, aos poucos, não sem resistências e tensões, isso se vai impondo e sendo assumido como um aspecto fundamental da fé e da doutrina cristã.

[4] Jon Sobrino fala, tendo em consideração o terremoto em El Salvador, da luta cotidiana dos pobres pela vida e da solidariedade que existe entre eles como "santidade do viver" ou "santidade primordial", na medida em que, dessa forma, "cumprem insignemente com a vocação primordial da criação: o chamado de Deus a viver e dar a vida a outros, mesmo em meio à catástrofe. É a santidade do sofrimento que tem uma lógica distinta, mas mais

alegria os "milhares de sacerdotes e bispos que se opuseram fortemente à lógica da espada, com a força da cruz" e que "defenderam a justiça dos povos originários": foram mediadores da "graça" na época da "conquista" (II,21). E por isso apoia e incentiva tanto as lutas e os Movimentos Populares (cf. I,18s; II,23; III,23).

Ele fala dos direitos dos pobres como "direitos sagrados" (I,8).[5] Assemelha e vincula a prática da solidariedade às "curas" feitas por Jesus (cf. III,13). Refere-se às lutas e aos Movimentos Populares como um "sinal dos tempos" (I,5), como expressão de "solidariedade" e "forma de fazer história" (I,6), como expressão do "amor fraterno" ou forma de "realizar o mandamento do amor" (II,10s), como "semeadores de mudanças" na construção de uma "alternativa humana à globalização exclusiva" (II,12), como lugar de martírio

---

primária, que a santidade da virtude" (SOBRINO, Jon. *Terremoto, terrorismo, barbárie y utopía: El Salvador, Nueva York, Afeganistán*. Madrid: Trotta, 2002, p. 35-37, 123-168). E a Igreja latino-americana, desde a Conferência de Medellín, tem insistido na dimensão socioestrutural da salvação. Medellín já afirmava claramente que "criar uma ordem social justa, sem a qual a paz é ilusória, é uma tarefa eminentemente cristã, e que "a justiça e consequentemente a paz conquistam-se por uma ação dinâmica de conscientização e de organização dos setores populares" (Paz, II,18). Esse é um tema muito caro à pastoral e à teologia na América Latina (cf. AQUINO JÚNIOR, Francisco. *Pastoral social: dimensão socioestrutural da caridade cristã*. Brasília: CNBB, 2016).

[5] Cf. BOFF, Leonardo. Os direitos dos pobres como direitos de Deus. In: *Do lugar do pobre*. Petrópolis: Vozes, 1997, p. 63-77; AQUINO JÚNIOR, Francisco de. Fé e justiça. In: *Nas periferias do mundo: fé – igreja – sociedade*. São Paulo: Paulinas, 2017, p. 79-92.

– prova maior de amor (III,13),[6] enfim, como "uma bênção para a humanidade" (I,18).[7]

Por essa razão, diz ele, a Igreja não pode ficar indiferente às lutas e organizações populares. Ela "não pode nem deve estar alheia a esse processo no anúncio do Evangelho", e sim deve cooperar com os Movimentos Populares, fortalecendo os "esforços e os processos de mudança" na sociedade (II,13). Francisco sabe que isso não é bem-aceito na Igreja e que provoca muita resistência. Sabe, inclusive, que ele é criticado e chamado de "comunista" por defender essas coisas (cf. I,7). Mas insiste que isso não é estranho à missão da Igreja. Pertence à sua Tradição mais genuína e está no centro do Evangelho e da "doutrina social da Igreja" (I,8-9; II,16; III,10):

– "O amor pelos pobres está no centro do Evangelho" (I,8).

– "A Igreja e os profetas dizem a milênios aquilo que tanto escandaliza que o papa repita neste tempo, no qual tudo isso alcança expressões inéditas. Toda a doutrina social da

---

[6] Cf. Martirológio latino-americano: < http://www.servicioskoinonia.org/martirologio >. Muitos cristãos, perguntando-se o que isso tem a ver com a fé, chegaram à conclusão de que, se a característica fundamental do reinado de Deus é a oferta de salvação aos pobres, tudo que contribui para a salvação dos pobres, na mesma medida e proporção, ajuda na realização do reinado de Deus – alargando e radicalizando, assim, enormemente, a concepção cristã de martírio. "Mártir não é apenas nem principalmente o que morre por Cristo, mas o que morre como Jesus; mártir não é apenas nem principalmente o que morre por causa de Cristo, mas o que morre pela causa de Jesus" (SOBRINO, Jon. *Jesus, o libertador: a história de Jesus de Nazaré*. Petrópolis: Vozes, 1996, p. 381-390, aqui, p. 385).

[7] Cf. GUTIÉRREZ, Gustavo. Libertação e salvação. In: *Teologia da libertação: perspectivas*. São Paulo: Loyola, 2000, p. 199-239; BOFF, Leonardo. O "sobrenatural" no processo de libertação. In: *Do lugar do pobre*, cit., p. 79-102; BOFF, Leonardo; BOFF, Clodovis. *Da libertação: o teológico das libertações sócio-históricas*. Petrópolis: Vozes, 1980.

Igreja e o magistério dos meus predecessores estão revoltados contra o ídolo dinheiro, que reina em vez de servir, tiraniza e aterroriza a humanidade" (III,10).

– "A justa distribuição dos frutos da terra e do trabalho humano não é mera filantropia. É um dever moral. Para os cristãos, o encargo é ainda mais forte: É um mandamento. Trata-se de devolver aos pobres e às pessoas o que lhes pertence. O destino universal dos bens não é um adorno retórico da doutrina social da Igreja. É uma realidade anterior à propriedade privada" (II,16).

Francisco tem consciência da dimensão e da complexidade do desafio da construção de um mundo mais justo e fraterno (cf. II,10). Sabe que "nem o papa nem a Igreja têm o monopólio da interpretação da realidade social e da proposta de solução para os problemas contemporâneos" (II,14; cf. III,20). Sabe que essa tarefa envolve pessoas e grupos de "diferentes origens, credos e ideias" que pensam "de modo diverso sobre muitas coisas", mas que estão unidos na luta pela justiça social e pelo cuidado da casa comum (III,6ss). Sabe, inclusive, que os movimentos sociais não estão livres de tentação e pecado e, por isso, adverte contra o uso da violência (I,16), contra o risco de cooptação (III,11ss) e de corrupção (III,20ss), contra a burocracia e a rigidez (I,17s), contra "certo excesso de diagnósticos, que, às vezes, nos leva a um pessimismo charlatão ou a nos alegrarmos com o negativo", ou a pensarmos que "não haja nada que possamos fazer além de cuidar de nós mesmos e do pequeno círculo de nossas famílias e de nossos amigos" (II,9), bem como sobre a necessidade de uma "conversão sincera das atitudes e do coração" das pessoas (II,10).

Mas ele tem, igualmente, consciência de nossa corresponsabilidade eclesial na luta pela justiça social e no cuidado da casa comum. Por isso, insiste que "a Igreja não pode nem deve ficar alheia a esse processo" (II,13) e exorta com a autoridade e a força do Evangelho: "Peço-vos, em nome de Deus, que defendais a Mãe Terra" (II,22), indicando como referência da (colabora)ação cristã nesse processo as bem-aventuranças (Mt 5 e Lc 6) e a parábola do juízo final (Mt 25) (I,16s). E por isso promove a "cultura do encontro" (I,17) e destaca o potencial (re)criativo dos pobres (II,9) e a importância e o papel dos Movimentos Populares: eles têm "os pés na lama e as mãos na carne" e têm "cheiro" de "bairro, povo, luta" (I,7); são portadores de uma "torrente de energia moral que nasce da integração dos excluídos na construção do destino comum" (I,18); "expressam a necessidade urgente de revitalizar as nossas democracias" (I,18; cf. III,19); são "semeadores de mudança" (II,10) – de "uma mudança redentora" (II,7); com eles, "sente-se o vento de promessa que reacende a esperança de um mundo melhor" (I,7); enfim, são "como uma bênção para a humanidade" (I,18).

Nada disso é absolutamente novo na Igreja, sobretudo na Igreja da América Latina. Tudo isso se pode encontrar em muitos documentos do magistério e, de modo particular, nas Teologias da Libertação, assim como também se pode verificar na ação pastoral de milhares de cristãos e comunidades e grupos eclesiais pelo continente afora (II,5). Mas não deixa de ser impactante e de provocar uma desconcertante e comprometedora alegria evangélica o fato de isso ser dito com tanta clareza e sem meios-termos por um papa e, mais ainda, em um encontro com os Movimentos Populares. É como um novo sopro desestabilizador do Espírito, invocado na Igreja como "Pai dos pobres", que "atua a partir de baixo",[8] convocando, congregando, ungindo e comprometendo com a causa dos pobres e o cuidado da casa comum. É como um novo pentecostes que prolonga e atualiza a missão de Jesus de anunciar e tornar presente o reinado de Deus neste mundo: como "fermento, sal e luz", como "semente de mostarda", como "trigo em meio ao joio", como "tesouro ou pérola preciosa". Os pobres deste mundo são, nele, juízes e senhores de nossas vidas, de nossas igrejas, de nossas pastorais e de nossas teologias...

---

[8] Cf. CODINA, Victor. *El Espíritu del Señor actua desde abajo*. Maliaño: Sal Terrae, 2015.

A solidariedade que enfrenta os destrutivos efeitos do império do dinheiro

ROMI MÁRCIA BENCKE[*]

Dialogando, em uma perspectiva ecumênica, com os discursos do Papa Francisco nos encontros com os movimentos sociais

> Por quererem possuir todas as mercadorias,
> foram tomados de um desejo desmedido.
> Seu pensamento se esfumaçou
> e foi invadido pela noite.
> Fechou-se para todas as coisas.
> Foi com essas palavras da mercadoria
> que os brancos se puseram a cortar árvores,
> a maltratar a terra e a sujar os rios.
> Começaram onde moravam seus antepassados.
> Hoje já não resta quase nada da floresta
> em sua terra doente e não podem mais beber a água
> de seus rios. Agora querem fazer a mesma coisa na nossa terra.[1]

---

[*] Teóloga e pastora luterana, secretária-geral do Conselho Nacional de Igrejas Cristãs do Brasil (CONIC).

[1] KOPENAWA, Davi; ALBERT, Bruce. *A queda do céu. Palavras de um xamã yanomami*. 2. reimpr. São Paulo: Companhia das Letras, 2015, p. 408-409.

I. A casa edificada sobre areia

O objetivo deste texto é dialogar com os discursos do Papa Francisco pronunciados nos três encontros realizados com os Movimentos Populares, nos anos de 2014, 2015 e 2016. O ponto de partida do diálogo é a perspectiva ecumênica.

Importante esclarecer que, para estabelecer este diálogo, não se entrará na discussão dos conceitos ecumenismo, macroecumenismo ou diálogo inter-religioso. A opção é assumir o conceito ecumenismo em sua perspectiva mais ampla possível, que é a da casa comum – da *oikoumene*, que também significa mundo habitado.

Convencionou-se que ecumenismo representa o diálogo entre as diferentes igrejas. No entanto, a provocação é para que se descolonialize o termo ecumenismo.

Não é de hoje que sabemos que ecumenismo era a palavra utilizada para expressar o mundo habitado, isso significa: as terras dominadas pelo império e pela cultura greco--romanos.

Bem mais tarde, o termo ecumenismo passou a ser referência para o diálogo entre igrejas. Este movimento tem raiz nas experiências das igrejas da Europa. É da experiência delas que também adotamos o termo ecumenismo para conceituar o diálogo entre as igrejas. Com o reconhecimento cada vez maior da diversidade religiosa, convencionou-se, por questões práticas-teóricas, definir o diálogo entre igrejas de ecumenismo e o diálogo entre religiões de macroecumênico ou inter-religioso. Entretanto, em uma era caracterizada pela redescoberta de múltiplas religiosidades e espiritualidades e de tomada de consciência de que a vida é interdependente, talvez seja o momento de ampliarmos o conceito ecumenismo para além das fronteiras das igrejas.

Nesse sentido, falar em casa comum, desde a perspectiva latino-americana, exige que se abra mão da velha exclusividade cristã do conceito ecumenismo. É necessário que também no âmbito eclesial latino-americano se faça o exercício de analisar os limites do termo ecumenismo, tal qual o conhecemos. É necessário que as lutas e as agendas dos Movimentos Populares ressemantizem este conceito e introduzam novas compreensões que, em alguns casos, não se expressam em nenhuma das línguas coloniais impostas no continente.[2]

Essas terras sempre foram habitadas por uma grande diversidade de povos, que tinham sua compreensão de sagrado, ritos, espiritualidade, lideranças religiosas, conhecimento, mitos, formas de se organizar socialmente.

A casa comum, a *oikoumene*, pode ser a *tekohá* dos guaranis-kaiowas, pode ser também *sumak kawsay* (quíchua), a *suma qamaña* (aymara) ou *nhande-reko* (guarani). Conceitos e expressões que apresentam a oportunidade de construção coletiva de novas formas de organização social, política e econômica. Essa perspectiva não está ausente no termo ecumenismo, uma vez que, quando se pensa no mundo habitado ou na casa comum, é necessário considerar os conflitos e as disputas por poder e riqueza que impedem diferentes formas de organização social.

Com base nesse primeiro desafio é que nos lançamos nas provocações dos três encontros entre o Papa Francisco

---

[2] SOUZA, Boaventura Santos. *Descolonizar el saber: reinventar el poder.* Montevidéu: Ed. Trilces, 2010, p. 16.

e os Movimentos Populares. Entretanto, a partir da diversidade religiosa, também queremos provocar no sentido de chamar a atenção para os limites dessas experiências, em especial, quando se considera a diversidade religiosa latino--americana e a perspectiva da unidade na diversidade ou igualdade na diversidade, conceitos importantes para sociedades plurais.

Em primeiro lugar, destaca-se a importância desses três encontros. A experiência é sem precedentes na história das igrejas, pelo menos, em épocas recentes. Foram encontros de escuta e de diálogo, duas perspectivas fundamentais para o ecumenismo.

O tema principal abordado nos três encontros foi a idolatria de mercado e suas consequências ao colocar no centro do sistema econômico o dinheiro e não o ser humano e suas necessidades: "... no centro de cada sistema social ou econômico deve estar a pessoa, imagem de Deus, criada para que seja o denominador do universo. Quando a pessoa é deslocada e chega o 'deus dinheiro' dá-se esta inversão de valores" (I,11).

Essa inversão gera, além de exploração e opressão, uma exclusão social perversa, que é a de considerar as pessoas que não podem ser integradas como resíduos ou "sobrantes".

A religião de mercado tem no capital um ídolo, que orienta as escolhas dos seres humanos. A avidez do dinheiro, quando domina todo o sistema socioeconômico, arruína a sociedade e condena o ser humano, transformando-o em escravo. A fraternidade inter-humana é fragilizada e dissolvida, fazendo povo lutar contra povo (cf. II,8).

Retomando o exercício de ressemantizar o conceito ecumenismo a partir das expressões *tekoha, sumak kawsay, suma qamaña e nhande-reko*, fica evidente que se vive um momento histórico caracterizado por constantes conflitos e tensões gerados pela fricção entre a força do mercado em se impor como religião hegemônica, definidora de quem vive e de quem morre, cerceadora das liberdades humanas, e os Movimentos Populares, que buscam organizar processos e estratégias que contribuam para a construção de novas formas de organização social.

Essa tensão lembra a parábola da casa edificada sobre a areia (Mt 7,24-27), que é facilmente derrubada pela tempestade. A casa comum apresentada pelo mercado é exatamente a casa que é derrubada com a primeira crise econômica. Ela não aguenta. Sua reconstrução irá depender de sacrifícios: trabalho escravo, extermínio étnico e racial, depredação ambiental, tráfico humano, migração forçada.

O que fazer? Diante desta pergunta, o pontífice destaca a centralidade da organização popular. Compara os Movimentos Populares a semeadores de processos de mudança. Esta mudança tem como desafios colocar a economia a serviço dos povos; construir a paz e a justiça e defender a Mãe Terra (III,14-23).

O Papa Francisco chama a atenção para a diversidade cultural e religiosa dos povos do mundo e faz menção especial aos povos indígenas e ao seu direito de viver conforme a sua cultura. A experiência indígena de conjugação de seus povos e culturas, a partir de uma forma de convivência, o papa chama de poliédrica, por conservar sua identidade, construindo uma pluralidade que não atenta contra a unidade, ao contrário, fortalece essa unidade (II,22).

Essa figura geométrica aproxima-se do que se compreende por unidade na diversidade ou igualdade na diversidade.

Isso significa respeitar a identidade do próximo, interagir, estabelecer empatias, deixar que a experiência do encontro humanize e reconheça na diversidade não uma ameaça, mas uma dádiva.

As três experiências de encontros entre o pontífice e os Movimentos Populares contribuem para refletir sobre o papel social das religiões ou das espiritualidades. Vivemos em um período em que a religião está bastante presente em diferentes âmbitos da sociedade. Se, por um lado, ela tem sido fundamental para contrapor a cultura da violência, do ódio, da xenofobia e do sexismo, bem como para denunciar e criticar a desigualdade econômica, por outro, ela parece refletir tanto a violência quanto a exclusão, distanciando-se de sua essência, que é promover o respeito pelos sagrados direitos de todos os seres vivos, ao invés de uma crença rígida, fechada e exclusivista.

Portanto, desde a perspectiva ecumênica, compreendida como processo de transformação, o desafio é contrapor a política de identidade religiosa com a política do próximo.[3] A primeira não aceita rever doutrinas e dogmas, nem mesmo se promoverem a intolerância e o medo. Enquanto a segunda não desconsidera a complexidade presente na análise ética da sociedade atual e a pluralidade da agenda política. Na perspectiva da política do próximo, as necessidades de todas as pessoas, em especial, das mais excluídas e agredidas, em função de preconceitos e posturas políticas e teológicas, são importantes.

---

[3] NESSAN, L. Craig. *Ir além da reforma ética de Lutero: camponeses, anabatistas e judeus*. In: HOFFMANN, Martin; BEROS, C. Daniel; MOONEY, Ruth (ed.). *Radicalizando a reforma: outra teologia para outro mundo possível*. São Leopoldo: Ed. Sinodal/Faculdades EST, 2017, p. 232-233.

A política do próximo, enraizada na prática mais essencial das tradições de fé, que são a fé e o amor, promove a solidariedade, cujo sentido foi recuperado pelo Papa Francisco ao apresentar as três dimensões presentes na prática da solidariedade. Em primeiro lugar, a solidariedade é a capacidade de pensar e agir comunitariamente, a fim de enfrentar as causas estruturais da pobreza e garantir o direito à dignidade de vida para todas as pessoas, superando o fosso da desigualdade econômica que coloca poucos no topo da pirâmide e muitos em sua base. A segunda dimensão é o enfrentamento dos efeitos destrutivos do império do dinheiro, que provoca os deslocamentos forçados, as migrações dolorosas, o tráfico humano. Por fim, a solidariedade é um modo de fazer história, que é o que os Movimentos Populares realizam.

Todo o processo do encontro do papa com os Movimentos Populares foi construído desde as perspectivas do diálogo e da reflexão em torno dos desafios que o momento histórico apresenta para o planeta e para os povos do mundo. A dinâmica foi de conversa entre os movimentos e depois destes com o pontífice. Ambos foram um ao encontro do outro.

Entretanto, sem desconsiderar a importância e o ineditismo desta experiência, é importante problematizar algumas dimensões que, penso eu, são relevantes para aprofundar ainda mais a compreensão de que vivemos em sociedades plurais e interdependentes que desafiam, diariamente, as instituições religiosas ou e as que não são religiosas a mudarem sempre que a empatia e a compaixão estão colocadas em risco.[4]

---

[4] ARMSTRONG, Karen. *A grande transformação: o mundo na época de Buda, Confúcio e Jeremias*. São Paulo: Companhia das Letras, 2008, p. 14.

II. A casa edificada sobre rocha

Os Movimentos Populares que participaram dos encontros com o Papa Francisco, em sua maioria, se organizam em torno da luta por terra, moradia e trabalho. Uma das agendas políticas destes encontros foi a dos "3 Ts": terra, teto e trabalho.

A diversidade cultural, religiosa, étnica, racial estava presente nesses encontros, expressando um minúsculo fragmento de uma casa comum que tem na diversidade a sua principal característica.

A realização dos encontros provavelmente foi motivada pela grande abertura e empatia que o Papa Francisco apresenta em relação a esses movimentos, além de recuperar e reafirmar a vivacidade e atualidade da Teologia da Libertação e de uma Igreja em movimento, ou em saída.

Não é possível dizer que os encontros não tenham considerado a diversidade cultural e espiritual que caracteriza os povos do mundo. Os discursos do papa deixam transparecer essa diversidade.

No entanto, também não é possível deixar de chamar a atenção para a institucionalidade dos encontros, da afirmação do Compêndio da Doutrina Social da Igreja Católica Romana, da discreta crítica a agendas importantes para o movimento de mulheres, em especial quando se fala do "descarte de crianças". "... Descartam-se as crianças porque a taxa de natalidade em muitos países da terra diminuiu, ou descartam-se as crianças por falta de alimentos ou porque são mortos antes de nascer" (I,12).

Nota-se a discreta crítica às agendas de movimentos emancipatórios, como o movimento feminista, que reivindica o acesso aos direitos sexuais e reprodutivos. Tais direitos, como se sabe, não descartam crianças.

Há a preocupação em deixar claro que os encontros não respondem a uma ideologia, porque os Movimentos Populares não trabalham com ideias, mas com realidades (I,6). É interessante essa afirmação, pois, para poder compreender a complexidade da realidade e a capacidade de entender, mesmo que parcialmente, a complexidade social.

A crítica ao novo colonialismo ideológico também chama a atenção. O que é o novo colonialismo ideológico? Em tempos recentes assistimos a um recrudescimento do desejo de controle de grupos vinculados a tradições de fé, no que diz respeito às liberdades das pessoas. A intervenção no conteúdo dos currículos escolares com o argumento de que são ideológicos tem gerado profundas tensões entre tradições de fé e movimentos sociais que levantam agendas nem sempre confortáveis para as instituições religiosas.

Essas tensões colocam para as tradições de fé um fio tênue entre distanciar-se das novas agendas dos direitos humanos ou entendê-las e aceitar rever as doutrinas e compreensões de fé que nos distanciam dessas agendas. Assumir essa tensão é importante por dois motivos. O primeiro deles é que essas agendas são novas, portanto, não podem ser simplesmente combatidas. Segundo, porque foram colocadas na invisibilidade e, em alguns casos, as tradições de fé foram responsáveis por essa invisibilização.

Um outro aspecto importante a ser considerado nesse diálogo é a lógica hierárquica presente nos encontros. Essa hierarquia transparece na metodologia dos encontros. Os movimentos refletem sobre suas lutas e dificuldades e as apresentam ao pontífice que reage a elas com base no Evangelho e no Compêndio da Doutrina Social da Igreja Católica Romana.

É importante destacar essa característica dos encontros, porque deixa transparecer que nas entrelinhas permanece a compreensão de que há ainda uma única Igreja e uma única religião, nesse caso, o cristianismo. Em dois momentos são mencionadas expressões diferentes tanto de cristianismo quanto de fé. O primeiro deles é quando o papa cita o Patriarca Bartolomeu (III,16) e outro quando faz menção à cultura indígena (II,22).

O argumento contrário a essa observação poderia ser de que entre as pessoas participantes havia diferentes tradições de fé. Essa presença, no entanto, não significa ecumenismo, no sentido apresentado anteriormente. Ainda é necessário aprender a se relacionar com a pluralidade desde a perspectiva da igualdade. Talvez uma experiência ecumênica interessante teria sido o encontro entre Movimentos Populares com as principais representações religiosas do mundo.

Por fim, é importante resgatar o reconhecimento do Papa Francisco de que a Igreja ou as igrejas, considerando os projetos missionários desenvolvidos na América Latina, foram e, em algumas situações, ainda são agentes do colonialismo, quando impõem uma cultura, um modo de vida aos povos.

É importante não esquecer que projetos missionários também são projetos de desenvolvimento. Recupero a citação da reflexão de Davi Kopenawa que abre este texto. Ele diz que o branco é o povo da mercadoria que destrói as florestas para enriquecer. Não podemos esquecer que projetos missionários reforçaram os valores da exploração da natureza e do acúmulo de riquezas.

O papa destaca o pedido de perdão realizado pela Igreja Católica Romana em razão das violências que foram praticadas em nome de Deus contra os povos indígenas (II,20). No entanto, o pedido de perdão, realizado também por outras igrejas do continente, não anula a necessidade de ter sempre no horizonte que tradições de fé, quando aliadas ao poder, podem ser agentes de repressão e violência. Lembrando Martin Buber,[5] a religião pode mascarar a face de Deus.

Os discursos abrem a possibilidade de crítica para a(s) igreja(s). Em especial, quando o pontífice recupera seu pronunciamento no encontro de juízes e magistrados contra o tráfico de pessoas e o crime organizado, realizado no Vaticano, em junho 2016. Nesse discurso, o papa lembrou que a(s) Igreja(s) não pode(m) pretender ter o monopólio da verdade, mesmo quando ela(s) deve(m) pronunciar-se e agir diante das situações que geram as chagas e os sofrimentos humanos e nas quais estão envolvidas os valores, a ética, as ciências sociais e a fé (III,20).

Essa afirmação é uma importante abertura para o diálogo, porque afirma que é fundamental superar as reservas e as armaduras que as tradições de fé, muitas vezes, têm em relação ao que é diferente. Essa ausência de reserva é imprescindível para que ocorra a palavra dialógica de uma forma sacramental.[6]

Apesar dos limites apontados, é importante destacar que os encontros simbolizaram a tentativa de organização de um processo que desencadeie a construção de uma casa comum

---

[5] BUBER, Martin. *Do diálogo e do diálogo.* São Paulo: Ed. Perspectiva, 2014, p. 51.

[6] Ibid., p. 36.

edificada sobre rochas. A busca de apoio mútuo nesse processo que deve ser gerador de profundas mudanças estruturais representa que o encontro com o outro faz descobrir que o sentido da vida ainda existe e ele se materializa na esperança e na desacomodação em relação às "coisas desse mundo" (Rm 12,2).

III. Considerações finais

O texto procurou dialogar, desde a perspectiva ecumênica, com os discursos do Papa Francisco realizados nos três encontros com os movimentos populares.

A experiência dos encontros chama a atenção para a necessidade de descolonializar o conceito de ecumenismo, para que este termo contemple as múltiplas espiritualidades e diversidades religiosas do planeta. Nesse sentido, a ressemantização desse vocábulo pode ocorrer em diálogo com termos dos povos originários, entre eles, *tekoha, sumak kawsay, suma qamaña e nhande-reko*.

Essa reflexão também procurou olhar para esses encontros de forma crítica, destacando alguns limites para o diálogo ecumênico em seu sentido mais amplo. Alguns desses limites são a hierarquia, o destaque de uma única liderança religiosa, a centralidade nos documentos doutrinais de uma única Igreja.

Esses limites, no entanto, não invalidam as experiências. Ao contrário, desafiam a pensar em novas possibilidades que poderiam provocar diálogos entre os movimentos sociais e as principais tradições religiosas do mundo. Um desafio seria que esses diálogos fossem protagonizados por lideranças religiosas de povos originários. Quem convocaria um encontro similar? Talvez a Organização das Nações Unidas.

Por fim, as experiências não deixam de lembrar que as tradições de fé não se devem considerar donas da verdade. Em uma sociedade plural, a abertura para o diálogo e para a revisão de doutrinas confessionais é fundamental sempre que a solidariedade, a compaixão e a misericórdia deixam de ser o centro da experiência de fé.

As tradições de fé devem estar atentas a não se satisfazerem a si mesmas e se autoafirmarem. Essas tentações podem torná-las mais duvidosas do que a moral por mascararem a face de Deus. Ao invés de serem narcisos, as tradições de fé precisam ser pássaros livres ou semeadoras de processos sem temer transformar-se a si mesmas.

O Papa Francisco e os Movimentos Populares

MANUEL GODOY*

> "Hoje, quero unir a minha voz à sua
> e acompanhá-los na sua luta...
> Sigam com a sua luta, fazem bem a todos nós.
> É como uma bênção de humanidade."

Em profunda comunhão com o mais autêntico pensamento social da Igreja, o Papa Francisco não poupa palavras para denunciar o grande desvio de rota provocado pelo sistema capitalista excludente e assassino: a troca do eixo fundamental do sistema econômico que substitui a pessoa humana pelo lucro, pelo dinheiro. O primeiro encontro dos Movimentos Populares com o papa, acontecido na antiga sala dos sínodos, no Vaticano, em 2014, selou de vez a parceria do pontificado do Papa Francisco com os construtores de uma sociedade nova, fortalecendo o axioma: "Um outro mundo é possível".

---

* Mestre em Teologia Pastoral pela Faculdade Jesuíta de Belo Horizonte (FAJE), professor no ISTA-Bh e no CEBITEPAL/CELAM, supervisor de estágio pastoral da FAJE e membro da Ameríndia.

Na verdade, foi um reafirmar de compromissos já assumidos pelo Papa Francisco na sua Exortação apostólica *Evangelii Gaudium* – A alegria do Evangelho –, sobre o anúncio do Evangelho no mundo atual. Esse documento monumental do atual pontificado, similar à exortação do grande Papa Paulo VI – *Evangelii Nuntiandi* –, no seu capítulo IV nos dá uma chave de leitura fundamental para a totalidade do pensamento social da Igreja.

Com sua precisão teológica, o Papa Francisco afirma: "Evangelizar é tornar o Reino de Deus presente no mundo" (EG 176).[2] E, a partir daí, ele vai costurando todas as condições para que o Reino de Deus deixe de ser uma abstração teológica e se torne uma utopia possível e antecipável para a nossa história. Remeto-me a essa secção da *Evangelii Gaudium*, pois o próprio papa afirmou aos participantes do Primeiro Encontro dos Movimentos Populares: "Estou repetindo coisas que disse e que estão na *Evangelii Gaudium*". De fato, todo o conteúdo do discurso do Papa aos líderes dos movimentos populares tem nessa Exortação o seu fundamento teológico explicitado.

Um dos principais fundamentos para o pensamento social da Igreja articular-se com o processo de evangelização está na compreensão do que se entende por *querigma*. E na *Evangelii Nuntiandi* o Papa Paulo VI enumerava as dimensões humanas e existenciais que devem ser atingidas por um processo eficaz de evangelização. Atingir e modificar pela força do Evangelho: 1. Os critérios de julgar; 2. Os valores que contam; 3. Os centros de interesse; 4. As linhas de pensamento; 5. As fontes inspiradoras; 6. Os modelos de vida da humanidade,

---

[2] PAPA FRANCISCO. *Evangelii Gaudium*. São Paulo: Paulinas, 2013.

quando estes estiverem em contraste com a Palavra de Deus e com o desígnio de salvação (EN 19).[3]

Tendo esse quadro de fundo, o Papa Francisco priorizou, no primeiro encontro com as lideranças dos Movimentos Populares, três campos que mais urgem cuidado e mudança para que a Boa-Nova seja anunciada de maneira encarnada: terra, teto e trabalho. Esse tripé deu a tônica da parte mais pragmática do seu discurso e como que aponta pistas concretas de ação.

I. Terra, teto e trabalho

Estes três gritos se tornaram uma tônica constante nos encontros do papa com os Movimentos Populares e em outras ocasiões em que Francisco falou sobre direitos dos povos. Depois de deixar claro que há uma fundamentação teológica, que advém do ato criador de Deus, que nos deu a terra para que a cultivássemos com cuidado e carinho, assim como a todas as criaturas que nela habitam, o papa retoma a perspectiva do pensamento social da Igreja e defende com transparência a reforma agrária: "a reforma agrária torna-se, portanto, além de uma necessidade política, uma obrigação moral" (CDSI, 300). Denuncia com coragem a questão do desenraizamento de tantos povos nascidos e criados no cuidado da terra. "A monopolização de terras, a desflorestação, a apropriação da água, os pesticidas inadequados, são alguns dos males que arrancam o homem da sua terra natal" (I,8). Afirma que tal desenraizamento não provoca apenas danos materiais aos camponeses, mas também danos espirituais,

---

[3] PAPA PAULO VI. Exortação apostólica *Evangelii Nuntiandi*, sobre a evangelização no mundo contemporâneo. 11. ed. São Paulo: Paulinas, 1976.

pois lhes altera o modo de viver, que passa a ser sem perspectiva, sem futuro.

Destaca também que o outro lado desse relacionamento perverso com a terra faz emergir com força a triste realidade da fome, e afirma: "A fome é criminosa, a alimentação é um direito inalienável" (I,8). Nessa perspectiva, insta junto às lideranças dos Movimentos Populares: "Por favor, continuai a lutar pela dignidade da família rural, pela água, pela vida e para que todos possam beneficiar-se dos frutos da terra" (I,9).

O segundo ponto do tripé é a questão da moradia. Partindo das considerações do nascimento de Jesus, como um migrante sem teto, o papa faz uma relação com o direito inalienável das famílias de poderem ter um lar. Estende seu conceito de família à vizinhança: "um teto, para que seja um lar, deve ter também uma dimensão comunitária: o bairro, e é precisamente no bairro que se começa a construir esta grande família da humanidade, a partir daquilo que é mais imediato, da convivência com a vizinhança" (I,9). Desse ponto de vista, Francisco faz uma dura crítica às grandes cidades, tão orgulhosas de si, mas que vivem excluindo e segregando pessoas, obrigando-lhes a viver em situação de rua. Faz uma dura constatação sobre os constantes despejos que há nas cidades: "Como faz mal ouvir que as povoações pobres são marginalizadas ou, pior ainda, que as querem deslocar! São cruéis as imagens dos despejos, das gruas que abatem barracas, imagens tão parecidas com as da guerra" (I,10). Valoriza os assentamentos diante do que muitos insistem em denominar invasões. Nesse sentido, o direito à moradia é defendido pelo papa como um direito fundamental para garantir a dignidade da pessoa humana e os assentamentos são uma forma de forçar a tão retardada reforma urbana, que deve preservar a vida diante das múltiplas especulações imobiliárias presentes nas grandes cidades. Não poupa palavras para destacar o positivo que há nos assentamentos:

> Estas povoações são abençoadas com uma rica cultura popular: ali, o espaço público não é apenas um lugar de trânsito, mas uma extensão da própria casa, um lugar no qual gerar vínculos com a vizinhança. Como são bonitas as cidades que superam a desconfiança doentia, integram os diversos e fazem desta integração um novo fator de progresso (I,10).

Ressaltando o lado positivo das cidades, que podem e devem promover a integração, o papa rechaça veementemente qualquer perspectiva de erradicação ou marginalização e denuncia com igual força todos os "projetos que pretendem envernizar de novo os bairros pobres, embelezar as periferias e 'disfarçar' as feridas sociais" (I,10). É preciso, insiste Francisco, curar tais feridas por meio de uma "integração autêntica e respeitosa" (I,10).

Outra vez, faz um apelo aos líderes dos movimentos:

> Continuemos a trabalhar para que todas as famílias tenham uma casa e todos os bairros tenham uma infraestrutura adequada (esgotos, luz, gás, estradas asfaltadas), e continuo: escolas, hospitais, centros de urgências, círculos desportivos e todas as coisas que criam vínculos e unem, acesso à saúde – já o disse –, à educação e à segurança da propriedade (I,10-11).

O terceiro ponto do tripé, o trabalho, Francisco o submete à ótica da cultura do descarte, que produz uma imensa massa sobrante. O direito ao trabalho só é possível num sistema que privilegie a pessoa ao invés de colocar o dinheiro, o lucro, no seu centro. Ele destaca que no sistema econômico baseado na lógica do descarte, aqueles que não estão em fase produtiva são os primeiros a sofrerem seus efeitos: crianças e idosos. Porém, o papa destaca que na atual crise pela qual passa o mundo, nem mesmo os jovens são poupados dos efeitos do descarte do mundo do trabalho. Ressalta as altas cifras de desemprego no mundo, sobretudo na Europa, e deixa claro que isso é resultado de um mecanismo econômico perverso, que subverte a verdadeira ordem das coisas, pondo o lucro no lugar da pessoa humana.

Deixa, porém, uma palavra de esperança aos líderes dos movimentos, ressaltando a capacidade que eles têm de serem inventivos nas formas de resistência coletiva, gerando solidariedade e dignidade na maneira de produzir e partilhar o pão de cada dia. Alerta para que não percamos de vista que "cada trabalhador, quer faça parte, quer não do sistema formal do trabalho assalariado, tem direito a uma remuneração digna, à segurança social e a uma cobertura para a aposentadoria" (I,13-14). Destaca as categorias de trabalhadores presentes no encontro e se une às suas lutas.

> Aqui estão *cartoneros*, recicladores, vendedores ambulantes, costureiros, artesãos, pescadores, camponeses, pedreiros, mineiros, operários de empresas recuperadas, membros de cooperativas de todos os tipos e pessoas com as profissões mais comuns, que são excluídos dos direitos dos trabalhadores, aos quais é negada a possibilidade de ter um sindicato, que não têm uma remuneração adequada e estável. Hoje desejo unir a minha voz à deles e acompanhá-los na luta (I,14).

II. Ecologia: do direito à terra ao direito da terra

Depois de discorrer sobre os três pontos de destaque na linha dos direitos de todas as pessoas humanas – terra, teto e trabalho –, o papa não diminui seu tom profético ao falar da questão ecológica. Grita com força profética contra mais um tipo de saque desse sistema excludente, idólatra do dinheiro, redutor de pessoas à massa sobrante. "Um sistema econômico centrado no 'deus dinheiro' tem também necessidade de saquear a natureza, saquear a natureza para manter o ritmo frenético de consumo que lhe é próprio" (I,15). Ressalta que são os pobres, os excluídos, as massas sobrantes as primeiras vítimas de catástrofes da natureza, que nada têm de naturais, mas que na sua maioria são frutos de uma gestão gananciosa, que explora os recursos da natureza em favor de uma minoria privilegiada, que se julga a proprietária exclusiva de todos os bens que Deus deu a todos.

Em tons de denúncia, afirma:

> A criação não é uma propriedade da qual podemos dispor a nosso bel-prazer; e muito menos é uma propriedade só de alguns, de poucos. A criação é um dom, uma dádiva, uma doação maravilhosa que Deus nos deu para que dela nos ocupemos e a utilizemos em benefício de todos, sempre com respeito e gratidão (I,15).

Aos membros dos Movimentos Populares, o papa dá uma grande notícia, de que está preparando uma encíclica sobre a ecologia e, em seguida, agradece-lhes pelas colaborações recebidas e expressa como que numa oração, no melhor estilo sapiencial dos salmos, suas conclusões, diante dos desarranjos sociais hodiernos:

> Porque se presta um culto idolátrico ao dinheiro. Porque se globalizou a indiferença! A indiferença foi globalizada: que me importa o que acontece aos outros para defender o que é meu? Porque o mundo se esqueceu de Deus, que é Pai; tornou-se órfão, porque pôs Deus de lado (I,16).

III. Ecumenismo de base

Dentre os líderes dos Movimentos Populares havia uma ampla representação de ofícios e também de religiões. A eles o papa recomenda a continuidade dessa cultura do encontro, pois assim fazem frente à xenofobia, à discriminação e à intolerância. Ressalta que, entre os excluídos, esses contravalores são rechaçados em prol da convivência com a diversidade. O Papa Francisco retoma a imagem do poliedro, já utilizada na *Evangelii Gaudium*, para ressaltar a necessária confluência das particularidades, respeitando sempre a originalidade, num esforço de síntese entre o local e o global: "Nada se dissolve, nada se destrói, nada se domina, tudo se integra, tudo se integra" (I,17).

O Papa Francisco, em sua fala aos líderes dos Movimentos Populares, ressalta a importância dos movimentos que promovem a solidariedade a partir de baixo, "do subsolo do planeta" (I,17). Insta que eles não se dispersem, mas que também não permitam serem absorvidos, dirigidos ou dominados e se mantenham livres e articulados, caminhando juntos, de maneira sinodal.

Conclui seu discurso de maneira forte e profética:

Os Movimentos Populares expressam a necessidade urgente de revitalizar as nossas democracias, tantas vezes desviadas por inúmeros fatores. É impossível imaginar um futuro para a sociedade sem a participação, como protagonistas, das grandes maiorias e este protagonismo transcende os procedimentos lógicos da democracia formal. A perspectiva de um mundo de paz e de justiça duradouras pede que superemos o assistencialismo paternalista, exige que criemos novas formas de participação que incluam os Movimentos Populares e animem as estruturas de governo locais, nacionais, internacionais com aquela torrente de energia moral que nasce da integração dos excluídos na construção do destino comum. E assim, com ânimo construtivo, sem ressentimento, com amor (I,18).

IV. Impulsar o processo de mudança

Com esse apelo, o Papa Francisco deu início ao seu discurso aos líderes dos Movimentos Populares, no segundo encontro que teve com eles, desta vez na Bolívia, em 2015.

Organizou seu discurso em três pontos-chave: 1) Reconhecer que precisamos de uma mudança; 2) Os movimentos populares são os semeadores desta mudança; 3) Refletir sobre tarefas importantes neste momento histórico, para uma mudança positiva em benefício de todos.

a) Reconhecer que precisamos de uma mudança

Como uma espécie de exame de consciência, o Papa Francisco faz uma sequência de perguntas que revelam, ao mesmo tempo, uma verdadeira análise da conjuntura social mundial:

– Reconhecemos, de verdade, que as coisas não andam bem num mundo onde há tantos camponeses sem terra, tantas famílias sem teto, tantos trabalhadores sem direitos, tantas pessoas feridas na sua dignidade?

– Reconhecemos que as coisas não andam bem, quando explodem tantas guerras sem sentido e a violência fratricida se apodera até dos nossos bairros?

– Reconhecemos que as coisas não andam bem, quando o solo, a água, o ar e todos os seres da criação estão sob ameaça constante?

– Reconhecemos que há um elo invisível entre as múltiplas exclusões e injustiças, que não se trata de questões isoladas e que estas realidades destrutivas correspondem a um sistema que se tornou global?

– Reconhecemos que este sistema impôs a lógica do lucro a todo custo, sem pensar na exclusão social nem na destruição da natureza?

Se de fato a realidade é essa, o papa convida todos a gritarem sem medo: queremos uma mudança! E qualifica essa mudança:

> Queremos uma mudança nas nossas vidas, nos nossos bairros, nos nossos vilarejos, na nossa realidade mais próxima; mas uma mudança que toque também o mundo inteiro, porque hoje a interdependência global requer respostas globais para os problemas locais. A globalização da esperança, que nasce dos povos e cresce entre os pobres, deve substituir esta globalização da exclusão e da indiferença (II,7).

Tal mudança exige atingir raízes profundas do atual sistema excludente em que vivemos. Por isso, o papa ressalta:

> Quando o capital se torna um ídolo e dirige as opções dos seres humanos, quando a avidez pelo dinheiro domina todo o sistema socioeconômico, arruína a sociedade, condena o homem, transforma-o em escravo, destrói a fraternidade inter-humana, faz lutar povo contra povo e até, como vemos, põe em risco nossa casa comum (II,8).

O Papa Francisco alerta os líderes dos Movimentos Populares sobre o perigo do excesso de diagnóstico, que nos leva, muitas vezes, a um pessimismo charlatão ou a um rejubilar com o negativo e pede a todos que passem para uma postura mais agressiva, perguntando a si mesmo: O que posso fazer? E ele mesmo conclui que podemos fazer muito para desencadear um processo de mudança.

b) Os Movimentos Populares são os semeadores dessa mudança

Semear mudança fazendo com que ela aconteça por meio de um processo e não de uma só vez, pois as experiências de mudanças abruptas nunca surtiram um resultado duradouro e eficaz. E o papa diz que os Movimentos Populares têm essa capacidade de fazer o processo de mudança ir para a frente, porque eles tocam as feridas com as próprias mãos, veem de perto os rostos dos excluídos e ouvem seus nomes com familiaridade. "Isto é muito diferente da teorização abstrata ou da indignação elegante" (II,11). Sofrer com os que sofrem e chorar com os que choram ajuda-nos a superar uma atitude passiva diante dos desarranjos do sistema econômico, provocando um sentimento forte, que vai além das análises, dos exercícios meramente racionais. "Esta emoção feita ação comunitária é incompreensível apenas com a razão: tem um *plus* de sentido que só os povos entendem e que confere a sua mística particular aos verdadeiros Movimentos Populares" (II,11).

E é dessa encarnação na vida dos excluídos, desencadeando processo de mudança, que as organizações sociais vão construir uma alternativa humana à globalização exclusiva. Nessa perspectiva, o papa faz um apelo às lideranças dos Movimentos Populares para que não se distanciem das bases, não se deixem levar por ideologias que se reduzem à busca frenética pelo poder.

Insta os agentes de pastoral a se aliarem aos esforços dos Movimentos Populares, das cooperativas, pois acredita que esta aliança, esta cooperação amistosa pode robustecer o processo de mudança. Para isso, a Igreja deve sair de sua zona de conforto, arregaçar as mangas e se unir aos movimentos autenticamente populares para que o processo de mudança saia do papel e das análises.

Essa secção é concluída com um pedido de que todos guardem em seus corações Maria, a jovem humilde de uma pequena aldeia perdida na periferia de um grande império, a qual nos enche constantemente de esperança.

c) Tarefas importantes para uma mudança positiva em benefício de todos

No terceiro e último ponto de destaque do discurso do papa aos líderes dos Movimentos Populares, há uma afirmação categórica de que ninguém possui receita pronta para derrotar esse sistema injusto que exclui e mata, mas que devemos nos esforçar para construir caminhos alternativos de superação. Aqui o Papa Francisco ousa propor três indicações importantes para a construção de uma proposta de mudança: a primeira tarefa é pôr a economia a serviço dos povos; a segunda é unir os nossos povos no caminho da paz e da justiça; e a terceira, e talvez a mais importante, que devemos assumir hoje, é defender a Mãe Terra.

Em cada uma das três tarefas, o Papa Francisco recorda os princípios da economia solidária, da produção comunitária e da repartição justa dos bens produzidos. Garantir os "3 Ts" também é constantemente recordado. Lembra a todos que, "quando Estado e organizações sociais assumem juntos a missão dos '3 Ts' [e] ativam-se os princípios de solidariedade que permitem construir o bem comum numa democracia plena e participativa" (II,17). Profeticamente também menciona as tentativas de novos colonialismos que atentam contra a soberania dos povos. Afirma: "vemos novas formas de colonialismo que afetam seriamente as possibilidades de paz e justiça, porque 'a paz funda-se não só no respeito pelos direitos do homem, mas também na independência'" (II,18). Retoma a denúncia forte contida no Documento de Aparecida:

> As instituições financeiras e as empresas transnacionais se fortalecem a ponto de subordinar as economias locais, sobretudo debilitando os Estados, que aparecem cada vez mais impotentes para levar adiante projetos de desenvolvimento a serviço de suas populações (II,19).

Elenca ainda outros mecanismos perversos que atentam contra a paz e a justiça de nossos povos: corrupção, narcotráfico, terrorismo e concentração monopolista dos meios de comunicação social.

Sob esse prisma, convoca a todos: "Digamos 'não' às velhas e novas formas de colonialismo. Digamos 'sim' ao encontro entre povos e culturas. Bem-aventurados os que trabalham pela paz" (II,20).

O Papa Francisco recorda com pesar a conivência da Igreja com o colonialismo, forjado por meio de processos terríveis de opressão, em que em nome de Deus também se massacraram povos originários e outros foram escravizados para a sustentação de um sistema explorador, excludente e assassino. Lembrou-se dos povos indígenas e da colaboração que eles dão atualmente na formação do poliedro cultural, tão rico à humanidade.

Por outro lado, ele pede a todos, crentes e não crentes, que se recordem de tantos bispos, sacerdotes e leigos que pregaram e pregam a Boa-Nova de Jesus com coragem e mansidão, respeito e em paz; lembra também do testemunho da vida feminina consagrada. Destaca que a Igreja faz parte da identidade dos povos na América Latina e que alguns poderes, tanto aqui como noutros países, se empenham em apagar, talvez porque a nossa fé é revolucionária, porque a nossa fé desafia a tirania do ídolo dinheiro.

Denuncia a perseguição, a tortura e os assassinatos de muitos por causa de sua fé em Jesus, algo que anda acontecendo no Oriente Médio. Ressalta que também devemos propagar que está em curso uma terceira guerra mundial, que se dá em parcelas, provocando uma espécie de genocídio, que deve cessar.

E nesse bloco das tarefas necessárias para acelerar o processo de mudança, o Papa Francisco alerta para a questão do cuidado da Mãe Terra. Em tom profético, grita: "A casa comum de todos nós está sendo saqueada, devastada, arrasada impunemente. A covardia em defendê-la é um pecado grave" (II,22). Faz uma referência à Encíclica *Laudato Si'*, de seu próprio punho, onde aparece a proposta clara de uma ecologia integral, necessária e urgente para a salvação do planeta.

Belíssima e profeticamente conclui seu discurso nesse segundo encontro com as lideranças dos Movimentos Populares, apresentando como que uma síntese:

> O futuro da humanidade não está unicamente nas mãos dos grandes dirigentes, das grandes potências e das elites. Está fundamentalmente nas mãos dos povos, na sua capacidade de se organi-

zarem e também nas suas mãos que regem, com humildade e convicção, este processo de mudança. Estou convosco. Digamos juntos do fundo do coração: nenhuma família sem teto, nenhum camponês sem terra, nenhum trabalhador sem direitos, nenhum povo sem soberania, nenhuma pessoa sem dignidade, nenhuma criança sem infância, nenhum jovem sem possibilidades, nenhum idoso sem uma digna velhice. Continuai com a vossa luta e, por favor, cuidai bem da Mãe Terra. Rezo por vós, rezo convosco e quero pedir a nosso Deus Pai que vos acompanhe e abençoe, que vos preencha com seu amor e defenda no caminho concedendo-vos, em abundância, aquela força que nos mantém de pé: esta força é a esperança, a esperança que não decepciona. Obrigado. E peço-vos, por favor, que rezeis por mim (II,23).

Pôr a economia a serviço dos povos, construir a paz e a justiça, defender a Mãe Terra. Recordando estas tarefas imprescindíveis que propôs no final do outro encontro com os líderes dos Movimentos Populares, o Papa Francisco começa seu discurso no terceiro encontro do mesmo gênero, em 2016, na Sala Paulo VI, no Vaticano.

Desta vez, o Papa Francisco enumera alguns tópicos fundamentais para que os Movimentos Populares sigam sua trajetória de construção de uma alternativa que substitua de vez a globalização excludente, que tanto mal tem feito à humanidade. Em três perspectivas apresenta sua reflexão: 1. O terror e os muros; 2. Amor e pontes; 3. Falência e resgate.

d) O terror e os muros

É bom recordarmos que estávamos sob o efeito da eleição de Donald Trump para a presidência dos Estados Unidos e que ele havia prometido construir muros para impedir a entrada de estrangeiros em seu país. Neste contexto, a fala do Papa ganha um tom claro de discordância com a política de Trump, e em lugar de muros, propõe que sejamos construtores de pontes.

Para o Papa Francisco, o terror, o medo toma conta de muitas pessoas de boa vontade por causa do controle global do dinheiro da parte de poucos. Estes provocam um terror que paralisa, que obstaculiza as articulações para a criação de alternativas inéditas que superem essa globalização excludente. Diz o papa:

> Então, quem governa? O dinheiro. Como governa? Com o chicote do medo, da desigualdade, da violência financeira, social, cultural e militar que gera cada vez mais violência em uma espiral descendente que parece infinita. Quanta dor e quanto medo! Existe... um terrorismo de base que provém do controle global do dinheiro na terra, ameaçando a humanidade inteira (III,9).

Esse terrorismo vive do nosso medo; provoca a criação de muros para uma pseudoproteção, pois se baseia numa falsa concepção de relações entre os humanos, fazendo com que cada um tema o outro. "Muros que encarceram alguns e exilam outros. Por um lado, cidadãos murados, apavorados; e por outro, excluídos, exilados, ainda mais aterrorizados" (III,11).

e) Amor e pontes

Contrapondo a proposta da globalização do terror, aquela que coloca o dinheiro no lugar da pessoa, o papa propõe que sejamos, a exemplo de Jesus, construtores de pontes, de comunicação, sobretudo com o amor que devemos uns aos outros, amor concreto que cura e restaura as pessoas para o serviço do bem comum. Comenta as passagens do Evangelho em que Jesus coloca a pessoa acima da lei, relativizando o apego ao sábado, que escravizava e cegava a todos perante os sofrimentos dos irmãos e irmãs. Também se reporta à cura do homem de mão atrofiada, afirmando que há hoje muitos com as mãos atrofiadas para o bem, para a justiça e para o amor.

f) Falência e resgate

Diante do drama da migração forçada, o papa recorda o discurso do Arcebispo Hieronymos, da Grécia, para o qual fitar os olhos de uma criança no campo dos refugiados é se deparar com a falência da humanidade. E jogando com a palavra falência, o papa faz um questionamento profundo, que revela a desgraça do mundo em trocar o ser humano pelo dinheiro. Interroga ele:

> O que acontece com o mundo de hoje que, quando se verifica a falência de um banco, imediatamente aparecem quantias escandalosas para salvá-lo, mas, quando ocorre esta falência da humanidade praticamente não aparece nem uma milésima parte para salvar aqueles irmãos que sofrem tanto? (III,15-16).

E, como em todos os encontros com os líderes dos movimentos, pede que continuem na luta, não desanimem, exerçam o poder de resgatar os descartados pelo sistema global excludente.

> Peço-vos que exerçais aquela solidariedade tão singular que existe entre os que sofreram. Vós sabeis recuperar fábricas das falências, reciclar aquilo que outros abandonam, criar postos de trabalho, cultivar a terra, construir habitações, integrar bairros segregados e reclamar de modo incessante, como a viúva do Evangelho que pede justiça insistentemente (III,17).

V. Política e Movimentos Populares

O exercício concreto da política também foi tema desse terceiro encontro e aqui o papa faz menção a duas frases de pontífices anteriores, que afirmavam ser a política uma forma especial de viver a fé na sociedade. "A política é uma maneira exigente – mas não é a única – de viver o compromisso cristão a serviço do próximo" (III,18) e "A política é uma das formas mais altas da caridade, do amor" (III,18). Porém, o próprio Papa Francisco já tinha dito na *Evangelii Gaudium* que "a política é uma sublime vocação, é uma das formas mais preciosas da caridade, porque busca o bem comum" (EG 205).

Nesse contexto, ele frisa "dois riscos que giram em volta da relação entre movimentos populares e política: o risco de se deixar cooptar e o risco de se deixar corromper" (III,18).

No primeiro risco, o papa chama a atenção de que não se pode contentar em fazer política social, assistencial, caritativa, esquecendo-se de tocar nas feridas da política econômica, ou da política com "P" maiúsculo. Alerta para a hipocrisia social que aceita muito bem as ações em prol dos pobres, mas se recusa a abrir espaços para o debate sobre o poder real, que fabrica os pobres. Sublinha que neste momento em que os sistemas políticos dão provas evidentes de decadência é preciso que as organizações dos excluídos e tantas organizações de outros setores da sociedade tenham consciência de que são chamadas a revitalizar, a refundar as democracias. Alerta uma vez mais para que não caiam na tentação da divisória que as reduz a agentes secundários ou, pior, a meras administradoras da miséria existente.

Nestes tempos de paralisia, desorientação e propostas destruidoras, a participação como protagonistas dos povos que procuram o bem comum pode vencer, com a ajuda de Deus, os falsos profetas que exploram o medo e o desespero, que vendem fórmulas mágicas de ódio e crueldade, ou de um bem-estar egoísta e uma segurança ilusória (III,19).

E retoma suas próprias palavras para afirmar que a desigualdade é a raiz dos males sociais.

E, quanto ao segundo risco, adverte sobre ao fascínio da corrupção, pois ela não é um vício só de políticos, mas está presente em todos os âmbitos da sociedade, também nas igrejas e nos Movimentos Populares.

Apela, como já o fez em outras ocasiões, para uma vida marcada pela austeridade e humildade, que deve abranger os políticos, os dirigentes sociais e os pastores. Austeridade moral, austeridade no modo de viver, austeridade na maneira como levo adiante a minha vida, a minha família. Austeridade moral e humana. Diante da tentação da corrupção, afirma o Papa, não há remédio melhor do que a austeridade, a austeridade moral, pessoal: e praticar a austeridade e, ainda mais, pregar com o exemplo. A corrupção, a soberba e o exibicionismo dos dirigentes aumentam o descrédito coletivo, a sensação de abandono, e alimentam o mecanismo do medo que apoia este sistema iníquo.

VI. Fazer-se próximo dos assaltados pelo sistema econômico

Na Califórnia, em 2017, aconteceu o quarto encontro dos líderes de movimentos populares com o Papa Francisco. O papa começa seu discurso recordando os encontros anteriores e se mantém na mesma perspectiva e conclama a todos os que trabalham em favor da justiça social a assumirem com forte empenho a responsabilidade pela superação deste sistema iníquo. Afirma que, se nada fizermos no momento presente, o processo de desumanização entrará por um caminho de difícil solução. Alerta para a devida atenção aos sinais dos tempos que devemos reconhecer para agir. As realidades destruidoras não podem passar despercebidas, pois elas aceleram o processo de desumanização, que somente será desmontado se houver participação efetiva dos Movimentos Populares na busca de soluções para a atual crise, que continua a exacerbar-se.

Repete sua preocupação com dois comportamentos que provocam estagnação em todos ao invés de estarem em busca de alternativas para o sistema vigente: "Não devemos permanecer paralisados pelo medo, mas nem sequer viver aprisionados no conflito".[4] E disse que o grande perigo é não vermos as feridas dos próximos, é negar o próximo. E, nesse contexto, retoma a parábola do bom semeador, em que aparece a indiferença dos homens da lei, dos puros, e a solidariedade daquele que era classificado na época como impuro.

Referindo o comportamento do samaritano, conclui:

> Tudo isto nos ensina que a compaixão, o amor, não é um vago sentimento, mas significa cuidar do outro até pagar pessoalmente por ele. Significa comprometer-se dando todos os passos necessários para "se aproximar" do outro até se identificar com ele; "Amarás o teu próximo como a ti mesmo": eis o mandamento do Senhor.

---

[4] PAPA FRANCISCO. Mensagem do Papa Francisco aos Participantes do Encontro de Movimentos Populares – Califórnia, fevereiro de 2017. Disponível em: < https://w2.vatican.va/content/francesco/pt/messages/pont-messages/2017/documents/papa-francesco_20170210_movimenti-popolari-modesto.html >.

Em seguida, retoma aquilo que já denunciou nos encontros precedentes, a subversão da ordem provocada pela globalização excludente, que coloca no centro de sua atenção o dinheiro, ao invés da pessoa humana. Denuncia uma vez mais a indiferença institucionalizada daqueles que não querem ver e muito menos tocar as feridas dos assaltados do caminho. E compara os assaltantes da parábola com os mentores e gestores da atual sociedade globalizada, que multiplicam as feridas, gerando uma população de assaltados caídos à beira da estrada.

Fingir que não se vê a situação caótica atual é uma "fraude moral que, mais cedo ou mais tarde, vem à tona como uma miragem que desaparece", afirma o papa. E seguindo sua característica de "dar nome aos bois", enumera as feridas do atual sistema: o desemprego, a corrupção, a crise de identidade e da ecologia, o esvaziamento da democracia.

Convida-nos a superar a atitude classificatória dos mestres da lei, que insistem em querem separar quem são os próximos dos não próximos. Recorre ao testemunho de Jesus que nos indica outro caminho: fazer-se próximo dos que sofrem, como o bom samaritano, mas ter também a atitude do hospedeiro. Ser como o hospedeiro cabe à Igreja, a quem Jesus confiou o cuidado de todos os que sofrem, numa postura de compaixão e de misericórdia.

Outro tema sempre caro ao Papa Francisco é a crise ecológica, à qual ele se refere uma vez mais e, desta vez, alertando que, mesmo sabendo que a ciência não é neutra, que tem os seus interesses, é importante não cairmos na atitude de negar tudo o que a ciência afirma sobre as catástrofes ecológicas iminentes. Termina dizendo que o tempo começa a esgotar-se e que, portanto, devemos agir. É preciso defender a criação.

O Papa Francisco também retoma outro tema que lhe parece de suma importância levar em conta. Diz ele:

> Nenhum povo é criminoso, nenhuma religião é terrorista. Não existe o terrorismo cristão, não existe o terrorismo judeu, não existe o terrorismo islâmico. Não existe! Nenhum povo é criminoso, nem narcotraficante, nem sequer violento. Existem pessoas fundamentalistas e violentas em todos os povos e em todas as religiões que, além disso, se revigoram com as generalizações intolerantes, alimentando-se com o ódio e a xenofobia.

Conclama a todos para que assumamos a perspectiva do trabalho em favor da paz, com amor, como antídoto contra o terrorismo. Lembra aos líderes dos Movimentos Populares presentes nesse quarto encontro, a oração de São Francisco, que nos pede atitudes positivas em favor do amor, do perdão, da união e da verdade, ante o ódio, a ofensa, a discórdia e o erro. E, como em todos os encontros, termina manifestando sua presença constante junto dos Movimentos Populares por meio da oração, dando-lhes a bênção de Deus e pedindo-lhes também que rezem por ele.

VII. Conclusão: os 3 Ts e a ecologia

Não repeti a cada item esses pontos, mas eles estiveram presentes em todos os encontros dos dirigentes dos Movimentos Populares com o papa. Terra, teto e trabalho e o cuidado com a Mãe Terra, com o planeta, são preocupações constantes do Papa Francisco e estão na pauta de todos os seus encontros com os dirigentes dos Movimentos Populares. A referência à Palavra de Deus e aos textos do Magistério da Igreja também foi duas grandezas fundamentais para o desenvolvimento do pensamento do Papa Francisco.

Nota-se como o atual pontífice desenvolve sua análise em torno de um fio condutor que ressalta a necessidade de uma mudança de rumo no sistema político baseado na globalização perversa, que coloca o dinheiro no lugar da pessoa humana. Impressionante a consonância com o pensamento do grande sociólogo político brasileiro, o professor Milton Santos, que também aponta para a necessária mudança dessa política que sustenta a globalização dos dias de hoje. No seu livro *Por uma outra globalização*, ele destaca "o papel da ideologia na produção, disseminação, reprodução e manutenção da globalização atual".[5] Por isso, sustenta a "relevância da política, isto é, da arte de pensar as mudanças e de criar as condições para torná-las efetivas".[6]

Ainda em sintonia com o pensamento do papa, Milton Santos também acredita que a mudança vem de baixo, onde os pobres exercem seu protagonismo. Diz ele:

> Estamos convencidos de que a mudança histórica em perspectiva provirá de um movimento de baixo para cima, tendo como atores principais os países subdesenvolvidos e não os países ricos; os deserdados e os pobres e não os opulentos e outras classes obesas; o indivíduo liberado partícipe das novas massas e não o homem acorrentado; o pensamento livre e não o discurso único.[7]

---

[5] SANTOS, Milton. *Por uma outra globalização: do pensamento único à consciência universal*. 24. ed. Rio de Janeiro/São Paulo: Editora Record, 2015, p. 14.

[6] Ibid.

[7] Ibid.

Nossa esperança aí está alicerçada: na organização e resistência coletiva dos pobres e descartados deste sistema excludente e assassino.

O papa valoriza o protagonismo dos Movimentos Populares

FREI BETTO*

Na Igreja Católica, os papas sempre mantiveram uma atitude paternalista diante dos Movimentos Populares, e reverente diante do patronato.

Tal atitude foi quebrada pelo Papa Francisco, que teve a ousadia de convocar três encontros mundiais de representantes de Movimentos Populares.

I. O primeiro encontro, em Roma

O primeiro ocorreu em Roma, em outubro de 2014. Francisco acolheu no Vaticano dirigentes de Movimentos Populares de vários países, entre os quais o Brasil.

Disse ao recebê-los:

> Os pobres não só suportam a injustiça mas também lutam contra ela! Não se contentam com promessas ilusórias, desculpas ou álibis. Sequer estão à espera de braços cruzados, pela ajuda de ONGs, planos assistenciais ou soluções que nunca chegam, ou que, se chegam, fazem-no de maneira a ir na direção de anestesiar ou domesticar, o que é bastante perigoso. Vós sentis que os pobres não esperam mais e querem ser protagonistas; organizam-se, estudam, trabalham, exigem e, sobretudo, praticam aquela soli-

---

* Frade dominicano e escritor, autor de 62 livros. Estudou Jornalismo, Antropologia, Filosofia e Teologia. Assessora movimentos pastorais e sociais.

dariedade tão especial que existe entre os que sofrem, entre os pobres (I,5-6).

O assistencialismo criticado por Francisco ainda é recorrente no Brasil. E muitas vezes incentivado pela própria Igreja Católica. Contudo, a história recente de nosso país registra, nos últimos cinquenta anos, a emergência de Movimentos Populares que, na sua prática e em seus propósitos, assumiram o refrão da famosa canção de Geraldo Vandré, "quem sabe faz a hora, não espera acontecer". Os mais emblemáticos deles, atualmente, são o MST (Movimento dos Sem Terra) e o MTST (Movimentos dos Sem-Teto), em suas lutas por terra e teto.

Em linguagem coloquial, Francisco frisou que solidariedade significa algo mais do que atos de generosidade esporádicos:

> É pensar e agir em termos de comunidade, de prioridade da vida de todos sobre a apropriação dos bens por parte de alguns. É também lutar contra as causas estruturais da pobreza, a desigualdade, a falta de trabalho, a terra e a casa, a negação dos direitos sociais e laborais. É fazer frente aos efeitos destruidores do império do dinheiro (I,6).

Ao destoar da retórica dos políticos que temem o protagonismo popular, Francisco acentuou: "Não se pode enfrentar o escândalo da pobreza promovendo estratégias de contenção que só tranquilizam e transformam os pobres em seres domesticados e inofensivos" (I,7).

Ao lembrar que, hoje, a maioria dos seres humanos não dispõe de terra, teto e trabalho, o papa ironizou: "É estranho, mas se falo disto para alguns, o papa é comunista. Não se compreende que o amor pelos pobres está no centro do Evangelho. Terra, casa e trabalho, aquilo pelo que lutais, são direitos sagrados" (I,7-8).

Sobre terra, disse Francisco: "A monopolização de terras, a desflorestação, a apropriação da água, os pesticidas inadequados, são alguns dos males que arrancam o homem da sua terra natal" (I,8).

Quanto à fome, alertou:

Quando a especulação financeira condiciona o preço dos alimentos tratando-os como uma mercadoria qualquer, milhões de pessoas sofrem e morrem de fome. Por outro lado, descartam-se toneladas de alimentos. Isto constitui um verdadeiro escândalo... Sei que alguns de vós pedem uma reforma agrária para resolver alguns destes problemas e, deixai que eu diga que, em certos países, e aqui cito o *Compêndio da Doutrina Social da Igreja:* a reforma agrária torna-se, por conseguinte, além de uma necessidade política, uma obrigação moral (I,8-9).

E quanto ao teto, Francisco lançou o apelo: "Uma casa para cada família. (...) Hoje, há tantas famílias sem casa, porque nunca a tiveram ou porque a perderam por diferentes motivos. Família e casa caminham juntas" (I,9).

Nesse primeiro encontro, em Roma, o papa não apenas estimulou os Movimentos Populares em suas lutas específicas, como enfatizou a importância de se buscar "as causas estruturais da pobreza" (I,6). Ora, isso requer um mínimo de instrumental teórico que somente o marxismo oferece. Não esperemos, entretanto, que o pontífice ouse admitir isso em público. Já representa um avanço ele frisar a atenção que se deve dar às causas estruturais.

II. O segundo encontro, na Bolívia

O segundo encontro do Papa Francisco com representantes de Movimentos Populares se deu em Santa Cruz de la Sierra, Bolívia, em 9 julho de 2015. Francisco declarou, ao acolher os participantes: "Alegra-me ver-vos de novo aqui, debatendo sobre os melhores caminhos para superar as graves situações de injustiça de que padecem os excluídos em todo o mundo" (II,5). E voltou a erguer a bandeira dos 3 Ts ao enfatizar que terra, teto e trabalho "são direitos sagrados" (II,6).

O que sobressai na atitude de Francisco, ao contrário de seus antecessores, é acreditar que só haverá mudanças se resultarem do protagonismo dos Movimentos Populares, e não da iniciativa dos ricos e poderosos. Seu interlocutor é o pobre, o excluído, o militante social, aqueles a quem ele qualifica de "poetas sociais" (II,16):

> Que posso fazer eu, recolhedor de papelão, catador de lixo, limpador, reciclador, diante de tantos problemas, se mal ganho o necessário para me alimentar? Que posso fazer eu, artesão, vendedor ambulante, carregador, trabalhador irregular, se não tenho sequer direitos trabalhistas? Que posso fazer eu, camponesa, indígena, pescador, que dificilmente consigo resistir à propagação das grandes corporações? Que posso fazer eu, a partir da minha comunidade, do meu barraco, da minha cidade, da minha favela, quando sou diariamente discriminado e marginalizado? Que podem fazer aquele estudante, aquele jovem, aquele militante, aquele missionário que atravessa as favelas e os paradeiros com o coração cheio de sonhos, mas quase sem nenhuma solução para os meus problemas? Muito! Podem fazer muito. Vós, os mais humildes, os explorados, os pobres e os excluídos, podeis e fazeis muito. Atrevo-me a dizer que o futuro da humanidade está, em grande medida, nas vossas mãos, na vossa capacidade de vos organizar e promover

alternativas criativas na busca diária dos "3 Ts" (terra, teto e trabalho), e também na vossa participação como protagonistas nos grandes processos de mudança nacionais, regionais e mundiais. Não se acanhem! (II,9).

Francisco não acredita em mudanças como dádiva, e sim como conquistas. Isto é novo na postura de um pontífice, bem como o fato de não se restringir a uma visão rígida de classes sociais. Todos são convocados à mudança social: assalariados e excluídos, trabalhadores formais e informais, estudantes e moradores de favelas.

Outra característica que chama a atenção em Francisco é a sua visão dialética, e não analítica, de alguém que percebe claramente que as injustiças sociais decorrem não de eventuais abusos, mas da própria natureza do sistema capitalista, embora prefira evitar o adjetivo: "Pergunto-me se somos capazes de reconhecer que estas realidades destrutivas correspondem a um sistema que se tornou global. Reconhecemos que este sistema impôs a lógica do lucro a todo o custo, sem pensar na exclusão social nem na destruição da natureza?" (II,7).

Para Francisco, o capitalismo é "uma ditadura sutil" que degrada tanto o tecido social quanto a natureza. Sutil porque se disfarça com a suposta democracia política, sem nenhuma correspondência com o que seria uma democracia econômica, pela qual todos teriam assegurados os direitos mínimos capazes de propiciar dignidade e felicidade. Movido pela bem-aventurança da fome e sede de justiça, Francisco o qualificou e denunciou como "sistema idólatra que exclui, degrada e mata" (II,11).

Nas relações internacionais, é notório o caráter colonialista do capitalismo:

> O novo colonialismo assume variadas fisionomias. Às vezes, é o poder anônimo do ídolo dinheiro: corporações, credores, alguns tratados denominados "de livre-comércio" e a imposição de medidas de "austeridade" que sempre apertam o cinto dos trabalhadores e dos pobres. Os bispos latino-americanos denunciam-no muito claramente no Documento de Aparecida, quando afirmam que "as instituições financeiras e as empresas transnacionais se fortalecem ao ponto de subordinar as economias locais, sobretudo debilitando os Estados, que aparecem cada vez mais impotentes para levar adiante projetos de desenvolvimento a serviço de suas populações". Em outras ocasiões, sob o nobre disfarce da luta contra a corrupção, o narcotráfico ou o terrorismo – graves males dos nossos tempos que requerem uma ação internacional coordenada –, vemos que se impõem aos Estados medidas que pouco têm a ver com a resolução de tais problemáticas e muitas vezes tornam as coisas piores (II,18-19).

Francisco convocou os movimentos sociais ao protagonismo da mudança e ao desafio de elaborarem um projeto alternativo de sociedade: "É imprescindível que, a par da reivindicação dos seus legítimos direitos, os povos e as organizações sociais construam uma alternativa humana à globalização exclusiva" (II,12).

Qual seria essa alternativa? O papa alertou com realismo:

> Mas não é tão fácil definir o conteúdo da mudança, ou seja, o programa social que reflita este projeto de fraternidade e justiça que esperamos. Neste sentido, não esperem uma receita deste papa. Nem o papa nem a Igreja têm o monopólio da interpretação da realidade social e da proposta de soluções para os problemas contemporâneos. Atrever-me-ia a dizer que não existe uma receita (II,14).

Contudo, Francisco assinalou os critérios éticos dessa alternativa social:

> Uma economia justa deve criar as condições para que cada pessoa possa gozar de uma infância sem privações, desenvolver os seus talentos durante a juventude, trabalhar com plenos direitos durante os anos de atividade e ter acesso a uma digna aposentadoria na velhice. É uma economia na qual o ser humano, em harmonia com a natureza, estrutura todo o sistema de produção e distribuição de tal modo que as capacidades e necessidades de cada um encontrem um apoio adequado no ser social (II,15).

Ao encerrar o encontro de Santa Cruz de la Sierra, Francisco enfatizou:

> Estou convosco. Digamos juntos do fundo do coração: nenhuma família sem teto, nenhum camponês sem terra, nenhum trabalhador sem direitos, nenhum povo sem soberania, nenhuma pessoa sem dignidade, nenhuma criança sem infância, nenhum jovem sem possibilidades, nenhum idoso sem uma digna velhice. Continuai com a vossa luta e, por favor, cuidai bem da Mãe Terra (II,23).

III. O terceiro encontro, em Roma

O terceiro encontro do Papa Francisco com representantes de Movimentos Populares mundiais ocorreu em Roma, em 5 de novembro de 2016.[1] Naquela ocasião, parecia melhor delineado o projeto de mudanças advogado pelo chefe da Igreja Católica: "Alternativa humana diante da globalização da indiferença: 1. Pôr a economia a serviço dos povos; 2. Construir a paz e a justiça; 3. Defender a Mãe Terra" (III,6).

---

[1] Compareceram representantes de mais de 60 países.

Essa alternativa deve ir na contramão do "colonialismo ideológico globalizador", que "procura impor receitas supraculturais que não respeitam a identidade dos povos" (III,8).

E quem é o inimigo? O terrorismo, tão alardeado pelo neoliberalismo? Francisco não se deixa ludibriar. E com seu profetismo vai direto ao ponto:

> Então, quem governa? O dinheiro. Como governa? Com o chicote do medo, da desigualdade, da violência financeira, social, cultural e militar que gera cada vez mais violência em uma espiral descendente que parece infinita. Quanta dor e quanto medo! Existe — como eu disse recentemente — um *terrorismo de base* que provém do controle global do dinheiro na terra, ameaçando a humanidade inteira. É deste terrorismo de base que se alimentam os terrorismos derivados, como o narcoterrorismo, o terrorismo de Estado, e aquele que alguns erroneamente chamam de terrorismo étnico ou religioso. Mas nenhum povo, nenhuma religião é terrorista! É verdade, existem pequenos grupos fundamentalistas em toda parte. Mas o terrorismo começa quando "se expulsa a maravilha da Criação, o homem e a mulher, colocando no seu lugar o dinheiro".[2] Este sistema é terrorista (III,9-10).

Esse deslocamento de óptica do papa é surpreendente e revolucionário. Terroristas não são apenas os inimigos do sistema capitalista que tentam miná-lo com atentados e bombas. É o próprio sistema, ao priorizar o capital e não a vida humana.

Francisco também não se deixa iludir quanto ao verdadeiro caráter da democracia que predomina no Ocidente:

---

[2] PAPA FRANCISCO. *Entrevista coletiva no voo de regresso da viagem apostólica à Polônia*, 31 de julho de 2016.

A relação entre povo e democracia. Uma relação que deveria ser natural e fluida, mas que corre o perigo de se ofuscar, até se tornar irreconhecível. O fosso entre os povos e as nossas atuais formas de democracia alarga-se cada vez mais, como consequência do enorme poder dos grupos econômicos e mediáticos, que parecem dominá-las. Sei que os Movimentos Populares não são partidos políticos, porque permiti-me vos dizer que, em grande parte, é nisto que se encontra a vossa riqueza, porque exprimis uma forma diferente, dinâmica e vital de participação social na vida pública. Mas não tenhais medo de entrar nos grandes debates, na Política com letra maiúscula, e volto a citar Paulo VI: "A política é uma maneira exigente – mas não é a única – de viver o compromisso cristão a serviço do próximo".[3] Ou então esta frase, que repito muitas vezes e sempre me confundo, não sei se é de Paulo VI ou de Pio XII: "A política é uma das formas mais altas da caridade, do amor" (III,17-18).

Foi o Papa Pio XI, na segunda metade da década de 1930, ao receber jovens universitários da Ação Católica, quem primeiro associou a política à excelência da prática da caridade. Isso porque se pode aplacar, hoje, a fome de um pobre com um prato de comida. Porém, só é possível erradicar a fome e a pobreza através da política.

Francisco conhece muito bem as artimanhas do sistema. Este tolera os Movimentos Populares na medida em que promovem ações sociais que, de certo modo, amenizam sofrimentos causados pelo próprio sistema. Não se devem atrever, entretanto, a querer mudar o próprio sistema:

> Enquanto vos mantiverdes na divisória das "políticas sociais", enquanto não puserdes em questão a política econômica ou a Política com "P" maiúsculo, sois tolerados. Aquela ideia das políticas

---

[3] Carta apostólica *Octogesima Adveniens*, 14 de maio de 1971, n. 46.

sociais concebidas como uma política para os pobres, mas nunca com os pobres, nunca dos pobres e muito menos inserida em um projeto que reúna os povos, às vezes parece-se com uma espécie de carro mascarado para conter os descartes do sistema. Quando vós, da vossa afeição ao território, da vossa realidade diária, do bairro, do local, da organização do trabalho comunitário, das relações de pessoa a pessoa, ousais pôr em questão as "macrorrelações". Quando levantais a voz, quando gritais, quando pretendeis indicar ao poder uma organização mais integral, então deixareis de ser tolerados; não sois muito tolerados porque estais saindo da divisória, estais vos deslocando para o terreno das grandes decisões que alguns pretendem monopolizar em pequenas castas. Assim, a democracia se atrofia, torna-se um nominalismo, uma formalidade, perde representatividade, vai se desencantando porque deixa fora o povo na sua luta diária pela dignidade, na construção do seu destino (III,18-19).

"Com os pobres e dos pobres", propõe o papa na ação política transformadora. Sugere que os Movimentos Populares aprimorem a democracia mobilizando esse *pobretariado* que, historicamente, não mereceu a devida atenção da esquerda.

E, de novo, Francisco vai à raiz, à causa, à origem dos desacertos naturais e sociais do mundo em que vivemos:

Sabemos que "enquanto não forem radicalmente solucionados os problemas dos pobres, renunciando à autonomia absoluta dos mercados e da especulação financeira, e atacando as causas estruturais da desigualdade social, não se resolverão os problemas do mundo e, em definitivo, problema algum. A desigualdade é a raiz dos males sociais"[4] (III,19-20).

---

[4] PAPA FRANCISCO. Exortação apostólica *Evangelii gaudium,* n. 202.

IV. Mensagens aos Movimentos Populares e sindicatos

Ao encontro dos Movimentos Populares realizado em Modesto, na Califórnia (EUA), em fevereiro de 2017, o Papa Francisco remeteu a mensagem na qual voltou a denunciar o capitalismo e a sublinhar o protagonismo dos Movimentos Populares:

> Desde há tempos enfrentamos a crise do paradigma imperante, um sistema que causa enormes sofrimentos à família humana, atacando ao mesmo tempo a dignidade das pessoas e a nossa casa comum, para sustentar a tirania invisível do dinheiro, que garante apenas os privilégios de poucos.[5]

E acrescentou: "Da participação dos povos como protagonistas, e em grande medida de vós, Movimentos Populares, dependem a direção a assumir neste momento histórico e a solução desta crise, que continua a exacerbar-se".

Em junho de 2017, Francisco recebeu em audiência os líderes da CISL (Conferação Italiana dos Sindicatos dos Trabalhadores).[6]

"O sindicato", enfatizou o papa,

> nasce e renasce todas as vezes que, como os profetas bíblicos, dá voz a quem não a tem; todas as vezes que denuncia o pobre vendido por um par de sandálias; que desmascara os poderosos que

---

[5] PAPA FRANCISCO. Mensagem do Papa Francisco aos Participantes do Encontro de Movimentos Populares – Califórnia, fevereiro de 2017. Disponível em: < https://w2.vatican.va/content/francesco/pt/messages/pont-messages/2017/documents/papa-francesco_20170210_movimenti-popolari-modesto.html > .

[6] Reportagem de Salvatore Cernuzio, publicada no jornal *La Stampa*, 28 de junho de 2017.

pisoteiam os direitos dos trabalhadores mais frágeis; que defende a causa do estrangeiro, dos últimos, dos descartados.[7]

E pediu aos sindicalistas não restringirem as lutas às suas respectivas categorias profissionais, mas assumirem também a causa dos refugiados e demais excluídos.

Isso vale também para os Movimentos Populares, muitas vezes encerrados em suas bandeiras específicas, como a luta por terra, moradia ou água, sem se articularem com outros movimentos que lutam por igualdade de gênero ou contra a homofobia e o racismo.

V. Articulação originária

João Pedro Stédile, da coordenação nacional do MST e da Via Campesina Brasil, reconhece que:

> Com suas posturas e pronunciamentos sobre as injustiças na humanidade e a favor dos mais pobres, dos trabalhadores e, em geral, dos excluídos, o Papa Francisco, desde o início de seu pontificado, surpreendeu gratamente os militantes de movimentos populares de todo o mundo, em contraste com seus antecessores.[8]

Stédile conta que, desde o segundo semestre de 2013, surgiram indícios de que o Papa Francisco gostaria de manter vínculos com os Movimentos Populares de todo o mundo. Como Bergoglio tinha laços históricos com movimentos na Argentina, iniciaram-se os primeiros diálogos com o pro-

---

[7] Disponível em: < https://w2.vatican.va/content/francesco/pt/speeches/ 2017/june/documents/papa-francesco_20170628_delegati-cisl.html >.

[8] El Papa Francisco y los movimientos populares. In: *America Latina en movimiento*. Quito: ALAI, 524, maio de 2017, p. 28 e 29.

pósito de promover um encontro mundial dos Movimentos Populares.

No fim daquele ano, foram mantidas conversações, no Vaticano, com a Pontifícia Academia de Ciências e a Comissão de Justiça e Paz, de modo a tornar realidade a intenção do papa. Logo em seguida se promoveu um seminário para debater as causas das desigualdades sociais desde o ponto de vista dos Movimentos Populares. Foi encaminhado a Francisco um documento elaborado por nove cientistas de vários países, todos vinculados à Via Campesina Internacional, para alertar o pontífice sobre o porquê de as sementes transgênicas e os agrotóxicos serem um perigo para a humanidade e a natureza. Desses contatos brotou a iniciativa de se convocar o Encontro Mundial de Movimentos Populares com o Papa Francisco, em outubro de 2014.

Adotou-se o critério de convidar representantes de movimentos que se organizam e lutam pelos três direitos humanos fundamentais: terra para semear; teto para viver; e trabalho digno. Também se decidiu excluir representações viciadas de organismos internacionais, bem como representações da Igreja. O papa não fez nenhuma objeção e, assim, foi possível reunir 180 representantes de todos os continentes.

Espera-se, agora, que as conferências episcopais nacionais, como a CNBB, repitam em seus países a mesma iniciativa do Papa Francisco e promovam encontros dos Movimentos Populares.

Amplificando a voz de Francisco

CHICO WHITAKER*

Recebemos hoje em dia, cotidianamente, uma massa de informações em quantidade e variedade que ultrapassam nossa capacidade de assimilação. Notícias sobre o que está ocorrendo em todos os rincões da terra nos chegam instantaneamente, até com imagens, pelas telas das TVs, pelas rádios e pelas redes sociais. E com elas nos chegam também, quase ao mesmo tempo, comentários, interpretações e reações dos mais diversos tipos de pessoas, a maioria das quais nem conhecemos, conectadas entre si e conosco pelos seus computadores ou celulares.

Apesar, no entanto, desse dilúvio de dados, e talvez mesmo por causa dele, não conseguimos ver as forças e as lógicas que vão modelando o futuro de nosso planeta e da espécie humana. Assim, não nos damos conta de desastres que se aproximam perigosamente, apesar dos gritos de alerta dos que conseguem divisá-los. E continuamos a viver nosso cotidiano, fácil para uma minoria beneficiada pela lógica dominante, e difícil para a grande maioria e mesmo dramática

---

* Arquiteto e ativista social. Foi um dos fundadores do Movimento de Combate à Corrupção Eleitoral (MCCE). Está ligado à Comissão Brasileira Justiça e Paz da CNBB e é um dos organizadores do Fórum Social Mundial, além de apoiar causas ambientais e movimentos contra o uso da energia nuclear.

para os que têm que lutar pela simples sobrevivência. Se conseguimos ver com mais clareza as causas e mecanismos das tendências perversas e nos dispomos a agir, somos tomados por um sentimento de impotência diante da força avassaladora do poder econômico e do poder político instalados. E assim seguimos, até que se complete o ciclo de vida de cada um.

Entre os alertas mais comuns nos dias de hoje, e ao mesmo tempo mais difíceis de serem apreendidos pelas pessoas, estão o do problema ecológico e o do crescimento da montagem financeira mundial. O alerta ecológico aponta para os vários tipos de riscos que a continuidade da vida na terra está correndo, como as mudanças climáticas provocadas pelas atividades humanas, a mineração desenfreada, o desmatamento irresponsável, o uso e o abuso de combustíveis fósseis, a aventura da tecnologia nuclear. O alerta para a montagem financeira denuncia os paraísos fiscais, que se multiplicam para proteger as fortunas dos que as têm e livrá-las dos impostos nacionais, enquanto a especulação nas bolsas de valores e no comércio de divisas cria uma "bola de neve" de quantidades enormes de dinheiro em mãos privadas, com o decorrente crescimento da concentração da riqueza e da desigualdade social.

Trata-se efetivamente de questões que podem ser mais bem compreendidas só por quem dispõe de um nível mais alto de formação. Mas até para eles as tomadas de posição são dificultadas pelos que se beneficiam com a situação, que, para contra-argumentar, colocam a seu serviço a dúvida científica, ao mesmo tempo que contam com meios de comunicação de massa por eles controlados. Torna-se assim extremamente difícil convencer mais pessoas de que interesses contrários aos da humanidade estão se impondo.

Nesse quadro é desolador ver a omissão dos governos, seja para bloquear as tendências negativas, seja para esclarecer os cidadãos e cidadãs sobre o que pode vir a ocorrer nas suas condições de vida, para que se mobilizem ou ajam no que estiver ao seu alcance para evitar os desastres. Na verdade, os governos representam mais as oligarquias de seus países do que seus povos, e de fato não desejam mudanças que venham a diminuir os privilégios dessas oligarquias.

Com isso, as conferências internacionais se multiplicam, inclusive sob a égide das Nações Unidas, mas não consegue crescer e se firmar uma consciência universal dos riscos que nossa espécie corre. Apesar dos esforços paralelos das organizações não governamentais que levantam os alertas e dos movimentos sociais que exigem mudanças, ano após ano continuamos quase na estaca zero. E as organizações políticas que atuam para que o poder seja assumido por governos a serviço da justiça e da igualdade social são engolidas pelo uso, pelas oligarquias, dos próprios instrumentos da democracia, como as eleições, para se manter no poder.

Haveria uma força social capaz de quebrar a rigidez do sistema suicida que a espécie humana criou para ela mesma? Quase no desespero, somos levados a perguntar se as religiões – todas elas voltadas para o ideal da fraternidade humana – poderiam desempenhar esse papel. Só elas teriam talvez condições de abrir os olhos das pessoas, por se dirigirem às consciências e não disputarem o poder político. E eis que surge, no panorama mundial das maiores lideranças sociais, uma pessoa como o Papa Francisco, à frente de uma grande organização religiosa com presença em todo o mundo.

Como o fez João XXIII, que surpreendeu os que dele esperavam o cumprimento tranquilo de um mandato tampão, Francisco ousa todos os dias e cada vez mais. Suas declarações e ações, propondo e realizando modificações no próprio modo de ser papa e na vida interna da Igreja, bem como e mais ainda ante os problemas que a humanidade enfrenta, têm o claro objetivo de nos fazer refletir e procurar entender o que está acontecendo no mundo. Nesse sentido, sua encíclica *Laudato Si'* é um verdadeiro catecismo sobre o modo de olhar o mundo. Ela situa o ser humano não como o dominador da natureza, que pode nela interferir e mesmo destruí-la, mas como parte de toda a criação, na enorme interdependência de tudo que existe. E propõe que os seres humanos se situem com humildade nesse conjunto, no respeito de todos os seus parceiros na aventura do planeta Terra.

Ele não tem medo de denunciar o dinheiro, essa invenção genial dos seres humanos – para facilitar suas trocas, dada a sua interdependência – que se foi transformando num ser impessoal que hoje domina, como um Deus, todas as relações, das interpessoais às internacionais, e coloca todas as atividades humanas, pessoais ou coletivas, a serviço da sua obtenção e acumulação, sem nenhum escrúpulo na utilização das necessidades humanas e na destruição de vidas e da natureza.

Em suma, ele diz de forma clara e direta o que o mundo precisa ouvir e entender sobre o que nele hoje se passa. E inovando, como Igreja, ele chama a um encontro no Vaticano, respeitando as diferenças e sem perguntar se "rezam" com a Igreja Católica, os representantes dos movimentos sociais que pelo mundo afora lutam contra a injustiça e a desigualdade. Com isso, ele deu a esses movimentos o seu palanque como papa, para que a mensagem deles reforçasse seu próprio apelo pela superação das lógicas desumanas que dominam o mundo de hoje.

E não ficou numa primeira e única ação nesse sentido: convidou os movimentos sociais a um novo encontro na Bolívia e a um terceiro de novo no Vaticano, fazendo em cada um deles pronunciamentos claros e precisos sobre os caminhos a trilhar, substituindo a competição – motor do desenvolvimento do capitalismo – pela união e cooperação, único modo de construir a força necessária para enfrentar o gigante que está destruindo o mundo. E não hesitou em usar toda a sua autoridade para lhes propor prioridades na sua luta: terra, teto e trabalho para todos, como um resumo das necessidades mais prementes que precisam ser atendidas e pelas quais temos a obrigação de lutar como cristãos.

Mas como voz que representa a Igreja, ele foi mais longe que o próprio Concílio do Vaticano II, que chamou o povo de Deus para o protagonismo na evangelização. A tradução do Concílio para a realidade latino-americana, que o episcopado dessa região fez em Medellín, na Colômbia, assumiu a compaixão como atitude verdadeiramente humana e disse que a "opção preferencial pelos pobres" caracterizaria a nova face da Igreja. Pois agora, com o convite feito aos movimentos sociais para encontrá-lo, Francisco chama os pobres para mudar o mundo, indicando dessa forma que as mudanças de que precisamos só acontecerão de fato pela ação dos mais prejudicados. Ele deposita, assim, na ação do povo sua grande esperança, ainda que, como papa, deva se dirigir também aos poderes políticos e econômicos nacionais e internacionais instalados.

Obviamente suas iniciativas e declarações encontram grandes resistências dentro da Igreja, como as que enfrentaram e ainda enfrentam as próprias orientações do Concílio do Vaticano II. As inovações no modo de ser Igreja adotadas pelo Concílio não foram ainda plenamente assumidas em toda parte. Não houve tentativas institucionais de voltar atrás nas decisões tomadas em Medellín? Muitos, então, obviamente se perguntam quanto tempo Francisco resistirá à pressão dos que não aceitam as perspectivas que ele adotou e se indagam se ele conseguirá prosseguir no exercício de um papado que já entrou para a História.

Há também os que, dentro dos movimentos sociais, levantam dúvidas descabidas como a de que os encontros do papa com os movimentos sociais entrariam em competição com o Fórum Social Mundial, uma iniciativa de organizações da sociedade civil brasileira que cumpre um papel importante no mundo. Ora, essas dúvidas confundem as pessoas e prejudicam mutuamente as duas iniciativas. Na verdade, elas só podem ser colocadas por quem não tenha entendido o que é o Fórum Social Mundial, ou por quem não perceba a importância de tomadas de posição de líderes mundiais para vencer a barreira dos meios de comunicação de massa para a denúncia e a crítica dos sistemas instalados e para levar esperança àqueles que sofrem no mundo de hoje. Especialmente se considerarmos que as propostas de ação que surgem nos Fóruns Sociais Mundiais, assim como nos múltiplos outros encontros e assembleias que se realizam visando à construção de um mundo diferente daquele em que vivemos, só conseguem ser difundidas amplamente se forem retomadas por líderes mundiais.

Para maior clareza, caberia especificar um pouco mais o que é o Fórum Social Mundial, citando uma nota de informação sobre o Fórum Social Mundial Antinuclear realizado na França em novembro deste ano. Trata-se de um dos Fóruns Temáticos que vêm sendo realizados na esteira do processo iniciado pelo Fórum Social Mundial de 2001 em Porto Alegre, e que todos esperamos que se multipliquem pelo mundo afora. Segundo essa nota, o FSM:

> Visa criar espaços abertos, estruturados horizontalmente, com atividades autogestionadas propostas pelos próprios participantes, para a troca de informações, experiências e reflexões com vistas a ações articuladas planetariamente pela construção do "outro mundo possível". (...) O objetivo da metodologia do FSM é fundamentalmente criar condições para o reconhecimento mútuo e para a superação de preconceitos, da competição e da desconfiança entre movimentos sociais, para facilitar a identificação de convergências e a construção de novas alianças, sem hegemonias e no respeito às diferenças nos tipos de ação e nas estratégias. O FSM pretende ser, assim, um instrumento de construção da unidade, na diversidade, ante a tendência à divisão que enfraquece os movimentos e favorece o poder que eles combatem.[10]

Os encontros do papa com os movimentos sociais são claramente encontros de outro tipo. Eles também estimulam o diálogo e a busca de unidade entre esses movimentos, mas principalmente possibilitam tomadas de posição do papa em consonância com as lutas dos movimentos sociais. E como ele é uma das grandes lideranças do mundo, suas palavras

---

[10] Nota de informação sobre o Primeiro Fórum Social Mundial Antinuclear Civil e Militar, realizado de 2 a 5 de novembro de 2017 em Paris, França. Disponível em: < http://nuclearfreeworld.net/pt-br/2017/11/24/note-din-formation-sur-le-premier-forum-social-mondial-antinucleaire-civil-et-militaire-tenue-du-2-au-5-novembre-2017-paris/ >.

ganham imediatamente as páginas de todos os jornais e as telas de todas as televisões. No quadro assustador em que vivemos hoje, que nos é encoberto pela massa de informações que recebemos, a vocação desses encontros é, portanto – diferente e complementarmente à vocação do FSM e dos outros encontros da sociedade civil –, a de acordar a humanidade para os riscos que ela corre e para a necessidade de fazer a justiça e a igualdade social prevalecerem, para o bem de todos e para a própria continuidade da espécie humana.

Fica, no entanto, a questão: estamos sabendo aproveitar a contribuição do Papa Francisco para elevar o nível de consciência geral sobre os absurdos das lógicas econômicas e políticas dominantes e sobre as causas da opressão que faz tantos sofrerem? Infelizmente, a oportunidade talvez esteja nos escapando: não conseguimos ainda levar a todos os ouvidos, para que seja assimilada pelas grandes maiorias, a explicação que o papa nos fornece para a compreensão dos problemas que o mundo hoje enfrenta e os caminhos que ele indica para sua superação. Enquanto isso, o consumismo ganha cada vez mais força, apoiado numa máquina publicitária milionária, e aumenta a pressão para que a produção mundial continue acelerando seu crescimento, desperdiçando matérias-primas e acumulando cada vez mais dinheiro nas mãos de cada vez menos gente. E, ao mesmo tempo, a democracia vai sendo minada pelo descrédito da política, com o desinteresse pelas eleições levando pessoas autocentradas e até cruéis a exercerem o poder político.

Seria possível pensar num grande mutirão de participação, a partir das mensagens do Papa Francisco, na batalha da comunicação que se trava no mundo de hoje? Suas palavras são bem-aceitas por muitos que nunca se comoveram com iniciativas da Igreja e até viam a religião como um ópio do povo. As comunidades de Igreja não poderiam elas mesmas aprofundar sistematicamente essas palavras, de forma a serem irradiadas em torno delas? Isto seria na verdade muito urgente, para que o próprio papa se sinta reconfortado pelo povo de Deus e os que a ele se opõem percebam que o caminho certo é o que ele está trilhando e nos indicando.

Em tempos em que vários ópios – como o futebol e outros espetáculos, e as próprias redes sociais – criam cortinas de fumaça que mantêm as pessoas alienadas do que se passa à sua volta, não deveríamos deixar passar a oportunidade criada pelo Papa Francisco para que muito mais gente acorde e se mobilize, se estivermos realmente convencidos de que outro mundo é possível, ou, como se diz agora, tornou--se absolutamente necessário e extremamente urgente.

Impresso na gráfica da
Pia Sociedade Filhas de São Paulo
Via Raposo Tavares, km 19,145
05577-300 - São Paulo, SP - Brasil - 2018